大学生
劳动教育

LABOR EDUCATION FOR
COLLEGE STUDENTS

主　编 ⊙ 庾庐山
副主编 ⊙ 文学禹　彭佩林

中南大学出版社
www.csupress.com.cn
·长沙·

前 言

"民生在勤，勤则不匮"，劳动是人类创造物质或精神财富的活动。作为一种教育方式，它应该被融入大学生思想政治教育工作中。劳动教育不仅要重视课堂上的理论认识，更要体现在大学生的日常学习和工作中。大学生应尊重劳动，珍惜劳动果实，以积极的态度参加劳动。新时代，建设教育强国，必须在继承我国劳动教育取得的成果和经验的基础上，构建德智体美劳全面发展的教育体系，发挥劳动教育"以劳树德、以劳增智、以劳强体、以劳育美、以劳创新"的重要作用。在 2018 年全国教育大会上，习近平总书记明确提出将劳动教育纳入社会主义建设者和接班人的总体要求，必须构建劳动教育体系，全面落实党的教育方针。随着 2020 年《关于全面加强新时代大中小学劳动教育的意见》(以下简称《意见》)的颁布，我国学生劳动教育的加强有了重要指示和系统指导。

高职院校是实施劳动教育的重要阵地。高职院校的劳动教育是一个包含了专业学习在内的劳动价值观念教育、劳动技术技能教育、劳动制度教育和劳动社会影响教育等方面的系统组合。为进一步助力高职院校质量大提升，努力构建德智体美劳全面培养的教育体系，针对高职学生职业精神和职业素养培养的特点，特编写本教材。本教材根据高职高专院校学生对劳动教育的基础知识、技能和素质的需求，融入劳动价值观，为专业密切型"跨边界"劳动与创新教育，结合高职院校专业人才培养体系，围绕专业人才职业趋向特性，培养懂专业、会劳动、能创新、敢创业的专业创新人才。双创时代对人才的需求，也就是高职院校对创新人才素质能力提升的要求。劳动与创新教育能够培养学生勇于创新、敢于创新的品质，增强其个人能力素质，提高其就业竞争力。

高等职业院校的劳动教育是在中小学以日常生活劳动、服务性劳动为主要内容的劳动教育基础上开展的，《意见》明确提出"职业院校以实习实训课为主要载体开展劳动教育，其中劳动精神、劳模精神、工匠精神专题教育不少于 16 学时"。高等职业院校劳动教育的重点和难点是树立马克思主义劳动观，培养中国特色社会主义劳动精神。本教材构建了模块化劳动教育内容体系，包括劳动理论知识、家庭劳动技能、校园劳动技能 3 个层次，引导学生用所习得的专业技能为家庭、集体和社会进行产品升级、工艺改进和技术服务。

在编写过程中，本教材参考了大量的资料，广泛借鉴了众多学者的研究成果，在此表示衷心的感谢！鉴于编者水平有限，本教材还存在许多不足之处，敬请广大读者批评指正，以便不断完善和提高。

编 者

2022-04

目 录

模块四　社会劳动技能

模块一 劳动理论知识

项目一
劳　动

工匠精神

王进喜：有条件要上，没有条件创造条件也要上！

"有条件要上，没有条件创造条件也要上！"

这熟悉的金句，您知道是谁说的吗？

1959 年 9 月 26 日，随着一股工业油流从松辽盆地北部的"松基 3 井"喷涌而出，大庆油田正式诞生，这粉碎了国际敌对势力以石油为武器，对我国进行政治孤立、经济封锁、军事威胁的企图。从此，新中国甩掉了"贫油"的帽子。

1960 年，王进喜率队奔赴大庆油田参加石油大会战。会战之初，困难重重。钻机到了，吊车不够用，几十吨的设备怎么从车上卸下来？几万人马在萨尔图草原一下傻眼了。"有条件要上，没有条件创造条件也要上！"王进喜喊出了这句后来广为人知的口号，带队"人拉肩扛运钻机"，用滚杠加撬杠，靠双手和肩膀，奋战 3 天 3 夜，硬是迎着寒风将 38 米高、22 吨重的井架矗立于荒原。要开钻了，可水管还没接通，王进喜又带领工人拿着脸盆、水桶到附近的水泡子里破冰取水，一盆盆、一桶桶地往井场端了 50 吨水。5 天零 4 小时的艰苦奋战，王进喜率领 1205 钻井队打出了大庆第一口油井，并创造了年进尺 10 万米的世界钻井纪录。

（https://xw.qq.com/cmsid/20220110A04UI200? pgv_ref＝baidutw）

任务一　劳　动

学习目标

1. 了解劳动的概念。
2. 认识劳动的类型。
3. 认识劳动的意义。

学习任务

分别学习劳动教育的概念、类型及意义。

任务导入

有一位农夫请求说：请你给我们谈谈劳动吧。

穆斯塔法高兴地回答说：你劳动，所以才能与大地和大地的灵魂一道发展、升华。

因为，一个懒惰的人终将被时代所淘汰，成为时代大潮中的陌路者，澎湃生命队伍中的落伍者。而生命的队伍正迈着豪迈庄严的步伐，高傲而顺利地向着永恒的未来迈进。

愉快劳动时，你就是一支芦笛，从你心中吹出的时光低语，将幻化成为悠扬的音乐。

在万物齐声高歌之时，你们当中有谁会愿意做一支不出声的哑芦笛呢？

——纪伯伦诗选

任务准备

1. 每一名学生准备一个有关劳动的故事进行分享。
2. 寻找劳动的意义与价值。

知识储备

唯物主义认为劳动创造人类。但社会物质财富的发展却使不劳而获的人越来越多。人们的劳动机会和劳动的能力逐渐消失，劳动的意识、劳动品质逐渐丧失。这样一来，物质财富的极大发展，生产力的不断提高，将造成人类的逐渐退化，直至消亡。

劳动是人类生存的本质要求，缺乏劳动的社会是没有生命力的。重视劳动、创造劳动是人类永恒的课题。

生产力发展到一定阶段，将剥夺越来越多人的劳动权利。为了人类的生存，生产力的发展应受到理性限制，人们对物质的欲望应受到限制。

● **任务实施**

一、劳动的概念

劳动，是人们改变劳动对象使之适合自己需要的有目的的活动，即劳动力的支出。劳动是人类社会生存和发展的基础。它主要是指人们在生产物质资料过程中的一种付出劳动力，并能够对外输出劳动量或劳动价值的人类活动。

劳动是人们在社会生活中维持自我生存和发展的唯一手段。按照传统的劳动分类理论，劳动可分为脑力劳动和体力劳动两大类。劳动是人类活动的一种特殊形式。在商品生产体系中，劳动是劳动力的支出和使用。马克思给劳动下了这样的定义："劳动力的使用就是劳动本身。"

劳动力的买者消费劳动力，就是叫劳动力的卖者劳动。劳动是发生在人与自然界之间的活动。其实质是通过人的有意识的、有一定目的的自身活动来调整、控制自然界，使之发生物质变换，即改变自然物的形态或性质，为人类的生产生活和自己的需要服务。劳动创造人类，劳动创造世界，劳动创造未来。

二、劳动的类型

马克思主义关于劳动的分类如下：

(一)体力劳动和脑力劳动

简单劳动，我们通常又称之为体力劳动。而脑力劳动比普通劳动需要更高的教育费用，脑力劳动的生产要花费较多的劳动时间，因此，它是具有较高的价值的复杂劳动。

脑力劳动和体力劳动的分工是人类劳动发展到一定阶段出现的。在生产力水平十分低下的原始社会，由于共同体内部不能提供剩余产品，有劳动能力的人都要参加沉重的体力劳动，还没有产生专门从事脑力劳动的人。随着生产力水平的提高，同一共同体内部产生了剩余产品，就逐渐形成了"从事单纯体力劳动的群众同管理劳动、经营商业和掌管国事以及后来从事艺术和科学的少数特权分子之间的大分工。这种分工的最简单的完全自发的形式，正是奴隶制"。从此，脑力劳动从体力劳动中分离出来。其中，知识分子得以专门从事科学文化艺术等领域的脑力劳动。

在资本主义阶段，随着生产规模的扩大，对过程劳动的管理、监督和调节成为劳动得以实现的必要条件。负责管理、监督和调节职能的群体，摆脱了体力劳动，成为主要靠脑力劳动的社会阶层。随着资本主义的发展，机器大工业把科学技术融入生产过程，导致从事科学技术研发和生产管理的人员从直接生产活动中分离出来，实现了脑力劳动与体力劳动的分离。体力劳动与脑力劳动的分离，大大提高了劳动生产力，并为科学和知识的发展创造了条件。

随着生产力的发展和社会的进步，生产过程中的体力劳动逐渐被机器代替，特别是随着信息技术和人工智能的发展，体力劳动与脑力劳动结合得越来越紧密，脑力劳动将逐渐成为生产过程和社会生活中的主要活动，对促进生产力发展发挥着越来越大的作用。到了共产主义社会，随着生产力的高度发展和社会成员综合素质的全面发展，脑力劳动与体力劳动的分离将最终消失。

(二)简单劳动和复杂劳动

马克思主义把劳动分为简单劳动和复杂劳动。所谓简单劳动，即"每个没有任何专长的普通人的机体平均具有的简单劳动力的支出"，而"比较复杂的劳动只是自乘的，或不如说多倍的简单劳动""比社会平均劳动较高级较复杂的劳动，是这样一种劳动力的表现，这种劳动力比普通劳动力需要较高的教育费用，它的生产要花费较多的劳动时间，因此它具有较高的价值"。

(三)具体劳动和抽象劳动

马克思主义把生产商品的劳动分为具体劳动和抽象劳动。一切劳动，从一方面看，是人类劳动力在生理学意义上的耗费；作为相同的或抽象的人类劳动，它形成商品价值。从另一方面看，是人类劳动力在特殊的有一定目的的形式上的耗费；作为具体的有用劳动，它生产使用价值。具体劳动各不相同，有质的差别。抽象劳动是"撇开具体形态的一般的无差别"，是没有任何质的区别的一般人类劳动。

具体劳动和抽象劳动是生产商品的同一劳动的两个方面。其中，具体劳动创造商品的使用价值，但不是使用价值的唯一源泉，它与自然物质共同构成使用价值的源泉。性质不同的具体劳动生产性质不同的使用价值，它表明的是怎样劳动和什么劳动的问题。抽象劳动作为撇开劳动具体形式的无差别人类一般劳动，没有质的差别，只有量的差别，是价值的源泉。但抽象劳动不等于价值，只有当抽象劳动凝结到商品中才能形成价值。性质相同的抽象劳动形成性质相同的价值，它表明的是劳动多少和劳动时间多长的问题。

(四)生产劳动与非生产劳动

按照劳动的自然形态，我们可将劳动分为生产劳动与非生产劳动。生产劳动是指创造物质财富的劳动，如工业劳动创造工业产品，农业劳动创造农副产品，建筑业创造各类建筑物等。非生产劳动是指不创造物质财富的劳动，如科学家发现科学真理，工程师发明先进技术，教师培养人才，医生治病救人，文艺工作者为人民带来精神食粮，这些都属于非生产劳动。

从事生产劳动的劳动者，往往更能切身体会劳作的辛苦和不易，享受收获劳动果实的喜悦和欢乐，对劳动抱有朴素的热爱和深厚的情感。他们往往更能在劳动过程中体会到自然之美、力量之美、创造之美，从而更加深刻地感受到自身的成长和进步，对劳动行为充满自豪和自信，对劳动有着更加深刻的眷恋。尤其是，他们对集体劳动中蕴含的团结友爱、互帮互助的社会关系抱有更加深厚的情感，对劳动集体呈现的力量和前途抱有更加坚定的信念和向往。他们往往是劳动者群体中更朴实、更真挚、更美好的化身，更加具有发展前途。生产劳动体现生产关系的本质。

（五）异化劳动和自由劳动

马克思在《1844年经济学哲学手稿》中，首次提出异化劳动的概念。它主要指私有制条件下劳动者同他的劳动产品及劳动本身的关系。马克思认为劳动在私有制条件下发生了异化，即人的物质生产与精神生产及其产品变成异己力量，反过来统治人。在资本主义社会中表现为资本奴役劳动、物统治人。在异化劳动中，劳动者遭到异己的物质力量或精神力量的奴役，致使其劳动积极性和能动性丧失，导致劳动者的个性不能全面发展。这种"异化劳动"在为资产阶级创造物质财富的同时，却造成了工人阶级自由本性的丧失。"劳动的异己性完全表现在：只要肉体的强制或其他强制停止，人们就会像逃避瘟疫那样逃避劳动。"马克思认为，私有制是异化的主要根源，社会分工固定化是它的最终根源。因此，马克思认为异化不是永恒存在的，是受一定生产关系制约的历史现象。受资本主义生产关系制约的异化，必将随着资本主义生产关系的彻底消灭而消灭。

马克思通过"政治经济学批判"，揭示和论证了从"异化劳动"到"自由劳动"的思想。马克思认为，自由劳动是"人以自身的活动来中介调整和控制人和自然之间的物质变换的过程"，是人的自由自觉的本质力量的客观显现。马克思通过揭示异化劳动的本质和内涵，指出通过劳动者的"联合劳动"来扬弃异化劳动，进而获得人的彻底解放。在"联合劳动"中，劳动成为人的"第一需要"。

三、劳动的意义

习近平总书记指出，"生活靠劳动创造，人生也靠劳动创造"，"广大青年一定要勇于创新创造"。劳动会给处于世界观、人生观和价值观形成期的学生在内心深处埋下健康人格的种子。20世纪德国教育家凯辛斯泰纳就曾提出，"劳动集体是进行性格教育的最好场所"。劳动使得深入其中的学生受到身心的双重改造，会促进学生养成有益于其终生生活和发展的健康人格。在教学实践上，应通过劳动教育，加深学生对劳动意义和价值的认识，培养其正确的伦理与情感，包括其对投入与参与劳动发自内心深处的真切愿望，以及劳动过程中克服困难和挫折的决心。

1. 培养社会责任感。

苏联著名教育家马卡连柯主张"学校里应该有生产过程，因为只有在生产过程中才能培养出生产集体成员的真正的性格；在生产过程中，在执行生产计划时，人们才会感觉到自己对每一部分工作应负的责任"。学生在劳动实践中，会切身体会到劳动过程和劳动产品对社会的意义，由此会产生保证劳动成功带来的责任感。

在劳动过程中，学生会切身体会到国家、集体和个人在劳动产品分配上的关系，有利于加深其对人类劳动的社会性的理解，认识到自身在团结互助中的社会责任。同时，劳动就是奉献，青年大学生在劳动实践中更容易体悟奉献的价值，更容易培养自身奉献社会的高尚情操，形成强烈的社会责任感。

2. 塑造阳光心态。

在劳动过程中，尤其是在共同探讨和齐心协力挥洒汗水的过程中，学生会与老师建立起信任关系，同学之间也会建立起朋友式的信任关系。这种信任关系对于塑造学生阳光心态具有积极意义。实践证明，经常参加集体劳动的学生，容易在集体劳动的协作互助中形成宜人性人格和尽责性人格。宜人性人格主要表现为信任、直率、利他、温顺、谦逊、慈悲等人格特质；尽责性人格主要表现为自信、自律、秩序、责任感、为成果努力等人格特质。

3. 培养认真和细心的良好习惯。

在劳动文化教育实践中，劳动成功意味着劳动产品的形成，对于劳动者来说，意味着巨大的成就感。劳动失败意味着劳动材料和劳动者时间、精力的浪费，对于劳动者来说，就会产生巨大的挫折感。为此，学生在劳动实践过程中，会主动保持聚精会神和专注工作的状态，有利于学生养成认真和细心的良好习惯，为未来从事职业活动和适应职业要求打下良好基础。

4. 培养自尊心和意志力。

学生通过参加劳动，在劳动过程中创造劳动成果和社会财富，进而实现自身价值，有利于培养和提高自尊心和自信心。19世纪瑞士民主主义教育家裴斯泰洛齐主张大众教育和贫民教育，为了改变穷人卑微的生活处境，他主张"首先要改变穷人那种胸无大志、缺乏目标和主动性、缺乏人类尊严的状况……通过教育和诚实的劳动获得人的尊严"。也就是说，在劳动教育过程中，除了使学生学到劳动的知识和技能外，还要"培养人本性的各种力量"。同时，劳动实践往往是个艰苦的过程，在劳动过程中，通过克服困难、实现目标和收获劳动成果，会锻炼学生的意志力，有利于培养学生为理想而奋斗的信心和韧性。而缺乏必要劳动实践的学生，则容易缺乏必要的自尊和意志力。他们往往难以认同自身的价值，不愿为理想和目标去努力，由于自制力较差，遇事不容易保持韧性，容易半途而废，难以做到善始善终。

5. 提高认知力。

实践出真知，只有亲身参与劳动实践，体验劳动感受，才会调动自身感觉器官全方位感受自然和社会，才能进一步刺激大脑去做深入的思考。另外，意志力也是影响学生认知力的一个重要因素。由于意志力水平低，缺乏劳动实践体验的学生性格上一般偏向外控型，表现为难以保持对长期目标的坚持和热情。这些人常常更相信运气和命运，进而影响了其自身的认知力。

6. 激发幸福感和对生活的热情。

劳动实践体验具有亲和力和幸福感，经常参加劳动实践体验的学生这种感觉往往较为强烈。科学健康的劳动教育常常对学生具有强烈的吸引力。在这样的劳动实践体验中，学生们容易形成对各项社会事业的强烈热情和献身社会事业的强烈愿望。而缺乏劳动体验的学生对社会活动的情感投入和行为投入都呈现显著的负相关，表现为缺乏归属感，学习兴趣低，缺乏投身于社会活动的热情。

7. 有利于培养艰苦奋斗精神。

劳动往往与劳作、干活具有相似的意义，人们通过劳动能够养成吃苦耐劳的优良品质。习近平总书记把吃苦和艰苦奋斗作为劳动概念的核心要义："青年要把艰苦环境作为磨炼自己的机遇，把小事当作大事干，一步一个脚印往前走""青年时代，选择吃苦也就选择了收获，选择奉献也就选择了高尚。青年时期多经历一点摔打、挫折、考验，有利于走好一生的路""要不怕困难、攻坚克难，勇于到条件艰苦的基层、国家建设的一线、项目攻关的前沿，经受锻炼，增长才干"。

当前，在高等职业院校毕业生中，缺乏吃苦和艰苦奋斗的精神是一种较为普遍的现象，由此也造成了一些毕业生不愿意到一线艰苦的岗位工作。尤其是在农业类高等职业院校的毕业生中，一些毕业生不愿意到"三农"一线工作的现象较为普遍，造成人才资源浪费和农业企业"用工荒"。一方面，是受"三农"工作环境艰苦、收入待遇低、加上得不到社会应有的尊重等因素的影响；另一方面，不可否认的是，毕业生缺乏吃苦和艰苦奋斗精神是更主要的原因。

党的十九大提出了"实施乡村振兴战略"的宏伟目标，但要实现乡村振兴的战略目标，关键是实现农业类技术技能型人才沉到"三农"一线去，通过实现乡村人才振兴促进乡村产业振兴。随着农业产业转型升级，特别是都市型现代农业的兴起，向循环农业等生态型农业种植模式的转型迫在眉睫，对农业技术技能型人才的需求愈加迫切。从小的方面讲，高等职业院校的大学生通过接受劳动文化教育养成吃苦耐劳和艰苦奋斗的优良品质，对于其自身今后人生发展和奉献社会具有重要意义。从大的方面讲，开展劳动教育，使青少年通过劳动实践实现在改造自然的过程中改造自身，通过创造新人类创造新的人类历史，具有更加深远的历史意义和社会意义。

● **任务评价**

1. 你认为劳动的意义和价值是什么？
2. 观察身边的劳动者，试着进行分类并总结特点。

● **能力拓展**

谈谈你对劳动的理解。

任务二　劳动教育

● **学习目标**

1. 了解中华人民共和国成立以来的劳动教育发展阶段及特征。
2. 了解新时代劳动教育的特征及原则。
3. 认识新时代劳动教育的主要内容。

● **学习任务**

分别学习中华人民共和国成立以来的劳动教育发展阶段及特征，新时代劳动教育的特征、原则以及主要内容。

● **任务导入**

中华人民共和国成立以来，"教育与生产劳动相结合"的理念贯穿了劳动教育发展的始终，但在不同的历史时期显现出不同的价值导向和实践形态。梳理中华人民共和国成立以来劳动教育的发展脉络，不仅可以让我们对劳动教育的历史有所了解，更使我们对当代的劳动教育有深入的理解，也为培养德智体美劳全面发展的社会主义建设者和接班人提供了重要的理念支撑。

习近平总书记在 2018 年全国教育大会上强调，要把劳动教育正式纳入培养社会主义建设者和接班人的总体要求之中，明确提出构建德智体美劳全面发展的教育体系。2020 年 3 月 20 日，中共中央、国务院发布《关于全面加强新时代大中小学劳动教育的意见》（以下简称《意见》）。《意见》对新时代各级各类学校的劳动教育做了顶层设计和全面部署，意义重大，影响深远。时至今日，劳动教育之于国家、社会和个人发展的重要地位不曾改变，教育与劳动生产相结合的教育理念不曾改变。新时代劳动教育亟须拓宽教育视域，建构更为完整的育人体系，让更多的社会资源融入其中，形成强大的"教育融合力"。

● **任务准备**

1.每一名学生准备一个相关的事例进行分享。
2.寻找与新时代劳动教育相关的内容进行阅读。

● **知识储备**

新时代劳动教育具有多维、立体的价值内涵：在目标上，更加强调价值观的形成；在内容上，既要习得劳动知识，训练劳动技能，又要涵养劳动态度；在形式上，既体现为体力劳动，又包含脑力劳动，并致力于促进二者的有效融通。新时代劳动教育具有树德、增智、健体、育美等综合育人价值。劳动实践既是个体实现自我对象化的对象，又是个体从对象化的现实世界反观自我的载体，也是劳动者丰富社会关系属性的重要媒介。

● **任务实施**

一、劳动教育的发展

中华人民共和国成立以来，我国教育获得了较大的进步与发展。劳动教育作为我国教育的重要内容之一，大致经历了以下三个发展阶段：第一阶段为1949—1977年，劳动教育的奠基与曲折发展时期。这一阶段的劳动教育关注学生尤其是各学段毕业生的体力劳动。第二阶段为1978—2011年，劳动教育的探索革新时期。此阶段劳动教育的目的是培养学生热爱劳动的思想和掌握基本的劳动技术。第三阶段为2012年至今，劳动教育的创新发展时期。要求学生获得良好技术素养，培养学生的综合素质。值得注意的是，为了实现每个阶段的劳动教育目的，国家都出台了相应的政策要求实施不同的课程。

（一）劳动教育的奠基与曲折发展时期（1949—1977年）

中华人民共和国成立初期，我国各领域建设百废待兴，为适应国家的发展需要，这一时期我国的主要任务是建设适应社会主义建设的新教育，毛泽东继承和发展了早期无产阶级领导人马克思、恩格斯关于教育与生产劳动相结合的观点，借鉴苏联的教育经验和教育模式，力图摸索出一条符合中华人民共和国实际情况的劳动教育之路。1949年，第一次全国教育工作会议提出了教育要为无产阶级政治服务，与生产劳动相结合、与社会实践相结合的教育方针。1957年，毛泽东在《关于正确处理人民内部矛盾的问题》中谈到，通过教育，要让受教育者在德育、智育、体育等方面得到发展，成为有社会主义觉悟的有文化的劳动者。同时还规定，学校必须将生产劳动列为正式课程，并在中学和小学分别增加了"劳动、手工劳动课"和教学工厂实习课程，主张边学习边劳动。在此期间，以毛泽东为核心的党中央高度重视劳动教育问题，其外显性表现为强调教育与生产劳动相结合，注重劳动的生产性和实用性，注重培养学生的动手能力和实践能力。但是在"文化大革命"期间，劳动人民知识化、知识分子劳动化的主张导致体力劳动者与脑力劳动者的对立。由于社会生产力发展不足，教育与生产劳动相结合被误解为要在生产劳动过程中改造人们的思想，忽视了教育的发展规律。但总体而言，毛泽东提出的一系列关于劳动教育的方针是符合当时国情的，教育与生产劳动相结合的教育方针，明确了中华人民共和国培养人才的方向，明确了劳动教育的发展方向，更重要的是有助于我国培养一大批素质较高的社会主义社会劳动后备军。

（二）劳动教育的探索革新时期（1978—2011年）

1978年，邓小平在全国教育工作会议上指出，让教育事业同国民经济发展的要求相适应是重点，我们需要认真研究工作的方式方法，贯彻落实教育与劳动相结合的方针，培养合格的社会主义建设人才。随着改革开放的深入推进，我国面对的是与以往不同的新形势，拥有的是与以往不同的新条件。社会现代化生产的速度，要求我国必须拥有具备高水平、有经验、有技能的劳动者。党的十一届三中全会后，党的工作重心开始转移，随即对劳动等相关问题展开了一系列讨论。首先，提出"科学技术是第一生产力"的重要论断，强调重视科学技术及教育在劳动生产中的作用。1995年，江泽民在"科学技术是第一生产力"的指导下提出"科教兴国"战略。他认为，经济的建设应该更多地依靠科技进步和高素质劳动者的劳动，要把提高全民族的科技文化素质作为教育目标之一。1998年，教育部办公厅出台的《关于加强普通中学劳动技术教育管理的若干意见》明确指出：要把劳动技术教育纳入督导评估内容的指标体系，将劳动技术教育的开展效果作为评选教育先进单位和先进学校的重要指标。其次，在全国范围内倡导尊重知识与劳动。1982年教育部印发《关于普通中学开设劳动技术教育课的试行意见》，这也是中华人民共和国成立以来首个对劳动教育考核有明确标准和要求的教育文件。文件不仅规定了初中及高中劳动技术教育课程的相关安排，而且将学生的劳动态度和劳动素养纳入"三好学生"的评选标准。最后，重申脑力劳动者的地位。党的十一届三中全会后，邓小平明确指出：要注重知识分子与工人农民相结合，知识分子是工人阶级的一部分，也是社会主义现代化建设的一支基本力量。在21世纪的时代背景下，要建设现代化的社会，除了坚持教育与社会实践相结合，还必须培养大量高素质的劳动人才，故必须把经济建设转移到依靠科技进步和提高劳动者素质的轨道上来。2004年以来，劳动教育相关信息出现的频次越来越高，我党高度重视劳动教育工作，为大力推进校企合作、工学结合，加强勤工俭学和劳动实践提供实现依据，并在2005年全国劳动模范表彰大会上指出要全面贯彻"四个尊重"的方针。胡锦涛根据全面建设小康社会的时代特点，倡导要在全社会范围内形成尊重劳动、尊重知识、尊重人才的良好社会风气，进一步推进了劳动教育的发展。

（三）劳动教育的创新发展时期（2012 年至今）

党的十八大以来，习近平总书记曾多次强调劳动的地位和劳动的作用。习近平总书记在全国教育大会上强调：新时代下，改革开放与社会发展对教育和学习提出了新的更高的要求。通过劳动教育，要让学生形成正确的劳动观，要让学生意识到劳动是实现个人全面发展的基础。这是习近平总书记对我国劳动教育方针准确的阐释，凸显出劳动教育在习近平新时代中国特色社会主义建设中的重要作用，回答了新时代下"怎样培养人"的问题，明确了劳动的价值和劳动教育的重要性。2019 年教育部工作要点明确指出，要大力加强劳动教育，全面构建实施劳动教育的政策保障体系，修订教育法将"劳"纳入教育方针。新时代下的劳动教育，旨在树立学生正确的劳动观念和劳动态度，养成学生勤于劳动、善于劳动的习惯和本领，让学生意识到劳动是实现个人全面发展的基础，素质和技能是立身之基和立业之本。近年来，党中央及国家相关机构在有关教育改革和教育决策部署中，无一例外地都提到培养学生劳动意识和劳动习惯的问题。教育部等部门印发的《关于加强中小学劳动教育的意见》中明确提出，要"充分发挥劳动综合育人功能，促进学生德智体美劳全面发展"。习近平总书记在全国高校思想政治工作会议上进一步强调教育同生产劳动和社会实践相结合的重要性，希望广大青年劳动者通过劳动磨砺意志、锤炼品格、增长才干、塑造健全人格，通过劳动不断提高综合素质与劳动素养，练就真本领。

二、新时代劳动教育

（一）新时代劳动教育的特征

现今，学校教育中的"新劳动教育"观念需要体现"新经济"特征，体现"正能量"要求，体现"大教育"格局，体现"现代化"劳动，体现"共益性"机制，这样的劳动教育才是"新劳动教育"。

现今，学校教育中的"新时代劳动教育"观念需要体现"新经济"特征，体现"正能量"要求，体现"大教育"格局，体现"现代化"劳动，体现"共益性"机制。这样的劳动教育才是"新时代劳动教育"。

1. 服务与创新。

新时代劳动教育要顺应经济转型。随着第三产业的逐步兴起，服务行业已经成为社会劳动的主要方面，成为经济发展的支柱之一，成为"就业率"提升的依靠。第三产业的发展需要大量服务行业的劳动者。学校应该加大服务劳动的教育，教育学生学会服务、愉快服务、高质量服务。随着科学技术，特别是信息技术发展的日新月异，互联网的强劲兴起，经济转型需要大批懂得新技术、会用新技术的新型劳动者。学校是为社会经济培养人才的地方，新时代培养新技术人才是当务之急。

2. 建设与接班。

新时代劳动教育要助推社会主义建设。中国是社会主义制度的国家，我国的教育是社会主义性质的教育，我国的劳动教育也要符合社会主义教育的根本要求。新时代劳动教育呈现多元叠加态势，生产与技术、知识与价值、信息与文化、时间与空间等劳动要素的相互耦合与迭代比以往任何时代都更为复杂、更加迅速。新时代劳动教育要助推社会主义建设。因此，新时代劳动教育要把社会主义核心价值观融入学校的劳动教育，强调学校劳动教育的敬业的精神、爱国的思想、诚信的品质、友善的态度，社会主义核心价值观要成为学校劳动教育的灵魂。

3. 多维融合。

新时代劳动教育要有大格局。新时代劳动教育是一种以满足个体需求为前提的劳动教育新形态，具有典型的公共性特征。新时代劳动教育致力于在社会关系中复归人性，体现人的物质性与精神文化价值，凸显"存在总是某种存在者的存在"的存在论哲学，彰显"人的根本就是人本身"的劳动教育价值观。

新时代劳动教育是开放的、合作的、现代化的。因此，新时代劳动教育必须"家校社"合作，在"大教育观"的指导下，由"家校社"合作共同完成：学校应该是劳动教育的主导，主要对劳动教育进行规划、指导与考核；家庭是劳动教育的主阵地，主要主持学生劳动教育的实施与管理；社区是劳动教育的大学校，主动为学生劳动教育提供充分的场所与条件。

4. 现代化与创新。

新时代劳动教育需要劳动现代化，致力于促进学生个体的创造性发展，"敢探未发明的新理""敢入未开化的地域"。劳动教育现代化，就是要用现代先进的教育思想和科学的教育技术武装学生，使学校的劳动教育的思想与观念、目标与内容、方法与手段、机制与评价以及校舍与设备逐步提高到世界先进水平，培养适应国际经济竞争和综合国力竞争的新时代劳动者和高素质人才。

5. 自益与公益。

新时代劳动教育需要双方"共益"。学校劳动教育需要讲究"自益"，通过自己的劳动让自己受益，为自己而劳动；学校的劳动教育还要讲究"他益"，通过自己的劳动让他人受益；学校的劳动教育更要讲究"公益"，服务社区与国家，是劳动的终极追求，尽管这与我们自己没有直接的、必然的利益关系，但是，那是个体生命的提升与精神的寄托。从"自益"到"他益"，再到"公益"，这是学校劳动教育的三重境界。

(二)新时代劳动教育的原则

1. 把握育人导向。

劳动教育是中国特色社会主义制度的重要内容，直接决定社会主义建设者和接班人的精神面貌、价值取向和技能水平。党的十八大以来，各地区和学校坚持教育与生产劳动相结合，在实践育人方面取得了积极成效。同时也要看到，在一些学生群体中存在不珍惜劳动成果、不想劳动、不会劳动的现象，劳动的独特育人价值在一定程度上被忽视，劳动教育被淡化、弱化。培养担当民族复兴大任的时代新人，必须着力提升学生的综合素质，促进学生德、智、体、美、劳全面发展和身心健康成长。

要解决这些问题，需要把准育人导向，引导学生树立正确的劳动观，形成劳动最光荣、劳动最崇高、劳动最伟大、劳动最美丽的观念。崇尚劳动、尊重劳动、辛勤劳动、诚实劳动，以创造性劳动报效国家、奉献社会。

2. 遵循教育规律。

新时代劳动教育必须遵循教育规律，遵循学生的身心成长规律，符合学生年龄特点，以体力劳动为主，注意手脑并用、安全适度。为此，需要根据不同阶段的学生特点进行系统设计。大学阶段，将学生的创新创业能力培养作为重要目标，引导大学生积累职业经验，树立正确的择业观，培养到艰苦地区和行业工作的奋斗精神，懂得空谈误国、实干兴邦的道理。职业院校可根据劳动教育新要求，调整和优化专业人才培养方案，在抓好职业技术教育的同时，强化劳动精神、劳模精神、工匠精神教育，让学生增强职业荣誉感，感受和体会平凡劳动中的伟大。加强劳动教育，需要强化实践体验，让学生亲历劳动过程，提升育人实效性。教育引导学生砥砺奋斗、吃苦耐劳，在劳动中创造财富和价值，通过劳动过程中创造性的实践活动及其成果感受劳动的乐趣，激发永远奋斗的精神。

3. 体现时代特征。

中华民族是一个勤于劳动、善于创造的民族。从《尚书》中的"克勤于邦，克俭于家"，到《国语》中的"民劳则思，思则善心生"，再到《朱子家训》中的"黎明即起，洒扫庭除，要内外整洁"，诸多古训格言都彰显了勤俭自持、耕读传家的中华传统美德。当今时代，随着经济社会发展，劳动形态发生巨大变化。这就要求劳动教育与新技术、新产业、新业态相呼应，挖掘劳动教育新内涵，创新劳动教育形式，鼓励学生运用多学科知识，开展创造性劳动，使新时代劳动教育适应科技发展和产业变革要求。深化产教融合，改进劳动教育方式。强化诚实合法的劳动意识，培养科学精神，提高创造性劳动能力。劳动教育要与立德、增智、强体、育美相结合，实现道德的提升、智慧的增长、体质的强健、美感的涵养，进一步彰显劳动教育在新时代的综合育人价值。

4. 强化综合实施。

新时代劳动教育具有较强的社会性，需要全社会共同努力、合力推动。主管部门需要加强统筹，拓宽劳动教育途径，通过相应政策支持劳动教育，建立和完善科学有效的劳动教育激励、督导和评价机制，推动劳动教育有目标、有计划、有针对性地进行。与此同时，推动建立家庭、学校、社会各方面齐抓共管、协同实施的机制。家庭劳动教育注重日常化，发挥家庭在劳动教育中的基础作用，树立崇尚劳动的良好家风，抓住衣食住行等日常生活中的劳动实践机会，让孩子从小培养起热爱劳动的习惯。学校劳动教育注重规范化，发挥学校在劳动教育中的主导作用，切实承担实施劳动教育的主体责任，明确实施机构和人员，开齐开足劳动教育课程。社会劳动教育注重多样化，发挥社会各方面在劳动教育中的支持作用，利用各类资源为劳动教育提供必要保障，营造良好舆论氛围，形成协同育人格局。

5. 坚持因地制宜。

结合不同地区和学校在自然、经济、文化等方面的条件，发掘行业企业、职业院校等可利用资源，宜工则工、宜农则农，采取多种方式开展新时代劳动教育。利用现有综合实践基地、青少年校外活动场所、职业院校和普通高等学校劳动实践场所，建立健全开放共享机制。农村地区可安排相应土地、山林、草场等作为学农实践基地，城镇地区可确认一批企事业单位和社会机构作为学生参加生产劳动、服务性劳动的实践场所。政府部门可协调和引导企业公司、工厂农场等组织履行社会责任，开放实践场所，支持学校组织学生参加力所能及的生产劳动、参与新型服务性劳动，使学生与普通劳动者一起经历劳动过程。鼓励高新企业为学生体验现代科技条件下劳动实践新形态、新方式提供支持。工会、共青团、妇联等群团组织以及各类公益基金会、社会福利组织，可组织动员相关力量，搭建活动平台，共同支持学生深入城乡社区、福利院和公共场所等参加志愿服务，开展公益劳动，参与社区治理。通过多方力量、多种形式，促进新时代劳动教育不断深化、落地生根。

（三）新时代劳动教育的主要内容

新时期高职院校劳动教育的实施，必须深入贯彻落实立德树人根本任务，始终坚持以党的"五育并举"教育方针为指导，重点解决长期以来人才培养中劳动教育缺位的问题，突出劳动教育与专业教育结合、劳动教育与思想政治教育工作结合、劳动教育与"双创"教育结合、劳动教育与社会实践结合等重要原则，把准劳动教育的价值取向，深化落实全员、全过程、全方位育人理念，培养综合素质全面发展的时代新人。新时期高职院校劳动教育应与专业教育相结合、与德育工作相结合、与"双创"教育相结合、与社会实践相结合。

劳动教育要落到实处必须借助于完备的劳动教育课程体系，包括明确课程目标、遴选课程内容、搭建实践平台、制定课程评价标准等。

第一，明确劳动教育课程目标。新时代劳动教育旨在帮助受教育者形成尊重劳动、热爱劳动、奉献劳动的劳动观念，塑造人人平等、勤俭奋斗、创新奉献的劳动精神，养成热心参与、脑体并用、持续改进的劳动习惯。如通过日常生活劳动，培养学生独立生活能力，传承勤俭节约的家风；通过服务性劳动，强化社会责任和奉献精神；通过生产性劳动，培养吃苦耐劳、精益求精、创新进取的品质。

第二，遴选劳动教育课程内容。新时代劳动教育课程应凸显多样性、层次性和结构性等特征，有效回应劳动教育目标，契合学生发展需求。包括课程单元、组织方式、时间分配、师资配备、场地设计等。

第三，搭建劳动教育实践平台。我们要将劳动教育目标融入劳动教育课程，需实现空间转移和内容转化，为劳动教育搭建多元化实践平台。如学校可围绕校内劳动、校外劳动、农场劳动和社会服务公益劳动创设实践基地。

第四，制定劳动教育课程评价标准。在明晰目标、创新方法和优化路径基础上，如何完善评价机制是劳动教育的"最后一公里"。劳动教育应重视参与者的体验感、获得感和价值观，通过形成性评价，强化劳动体验，树立劳动观念，端正劳动态度，培养劳动习惯。

探索多样化的课程实施途径：

(1)以"一日劳动"和"收纳课程"为载体，实施丰富的自理性劳动课程。

(2)以"分餐课程"为抓手，开展班级主体的服务性劳动课程。

(3)以"植物课程"为基点，开展全员参与的生产性劳动。

(4)以"STEAM 课程"为核心，开展创造性劳动课程。

(5)以主题课程为突破口，促进劳动课程与学科课程深度融合。

● **任务评价**

1.新时代劳动教育的意义是什么？
2.站在学生的角度，如何践行新时代劳动？

● **能力拓展**

1.总结劳动教育的发展历程。
2.谈谈你对新时代劳动教育的理解。

项目二
劳动价值观

工匠精神

郭晋龙：从一线工人到大国工匠

2000年冬天，郭晋龙出差途经石家庄，听到有几个铁路职工在抱怨："本来钢轨焊得好好的，领导让在焊缝处安装鱼尾板(打夹板)。"郭晋龙听他们的对话很好奇，就问为什么要钻孔上夹板。他们回答说："这是为了防止钢轨焊缝断裂，保证列车的安全运行采取的预防性措施。"

当时我国铁路已经实现了三次提速，马上就面临第四次提速，列车的时速对钢轨焊接要求也更高了。打夹板就是为防止钢轨断裂上的一道保险。但是，打夹板要耗费许多的人工和资金。如何让焊接的钢轨不打夹板也一样万无一失呢？

出差回来后，郭晋龙跟领导提出要搞这项研究，直接就被领导否定了。"因为我们单位不是科研机构，这是个大课题，我们没有科研经费。再说了我的学历低，知识面很窄，搞这样大的课题，根本不可能。我很较真，非要研发这项课题，没场地自己找，没资金自己筹。从此走上了研发之路。"郭晋龙感慨地说。

为了解决这一重大课题，不是专业科研人员、没有科研经费支持的郭晋龙自筹资金30万元，历时5年，经历了无数次的失败，率先研发出"钢轨焊缝双频正火设备及工艺"技术，彻底解决了钢轨裂缝断裂问题，满足了列车高速度、高密度、重载运行的需求。

这项技术获得了2010年度国家科技进步二等奖。郭晋龙也凭借着精益求精、创新求索的工匠精神，成为中国铁路技术工人登上国家科技领奖台的第一人。目前，该项技术成果已被全国高铁钢轨焊接生产线所采用，保障了我国高铁跑出中国速度。这之后，他又带领科研团队研制全数字闭环控制中频直流闪光焊轨机，彻底改变了我国焊接钢轨设备依赖进口的局面，把"中国制造"转变为"中国创造"。

（http://nm. people. com. cn/n2/2021/1012/c196689 – 34952797. html, 有改动）

任务一　马克思主义劳动观

● 学习目标

1. 了解马克思主义劳动观的概念及内涵。
2. 了解树立马克思主义劳动观的意义。
3. 认识践行马克思主义劳动观的途径。

● 学习任务

分别学习马克思主义劳动观的概念及内涵、意义以及践行马克思主义劳动观的途径。

● 任务导入

真正实现每一个人的自由发展，使"劳动成为生活的第一需要"，是马克思、恩格斯一生为之奋斗的理想追求。在人类从猿进化为人的过程中，无论是制造工具、直立行走，还是人类社会关系的产生，劳动都起到至关重要的作用。而人类劳动的能动性把人与动物区别开来。因此，研究人类社会必须从研究人类社会的劳动开始。

● 任务准备

摘抄三句马克思主义劳动观的经典名言。

● 知识储备

马克思指出，任何一个民族，如果停止劳动，不用说一年，就是几个星期，也死亡，这是每一个小孩都知道的。但劳动并非仅此作用。马克思又指出："每个人无论生产什么，还是怎样生产，以及他们的外在表现，都是由物质生产条件所决定的。"可见，劳动在满足人类生存的前提下还创造了人，人与其从事的生产劳动具有一致性，因此，马克思认为"劳动创造了人本身"。但人的劳动和动物的劳动又是不同的，人不仅能按照自己种族的需要进行生产劳动，还能进行创造性生产劳动，人的劳动是有意识的能动性的劳动。因此，恩格斯指出，马克思主义"在劳动发展史中找到了理解全部社会史的锁钥"。

● **任务实施**

一、了解马克思主义劳动观的概念及内涵

劳动价值论是马克思经济学说的理论基础。马克思的全部经济理论都是建立在劳动价值理论基础之上的。马克思通过对自由资本主义时期市场经济经验的总结，在批判地继承古典学派劳动价值论的基础上，创建了科学的劳动价值论。

(一)马克思著作中的劳动概念

马克思不同著作中的劳动概念是不同的，就其实质而言，主要有"自由劳动""物质劳动"和"雇佣劳动"等三种不同表述。在《1844年经济学哲学手稿》中，马克思从人的自由本性角度来把握劳动的内涵，整部手稿渗透着哲学意义上的劳动意蕴："劳动是人在外化范围之内的或者作为外化的人的自为的生成。"以自由劳动为价值标尺，马克思将资本主义条件下的劳动视为异化劳动。马克思在《德意志意识形态》中交替使用"感性活动""物质生活生产""感性劳动"等术语。马克思通过物质劳动构建唯物史观的理论基础。物质劳动被诠释为满足人的基本需要的活动，而非之前的理解——人的本质对象化。"人们为了能够'创造历史'，必须能够生活。但是为了生活，首先就需要吃喝住穿以及其他一些东西。因此第一个历史活动就是生产满足这些需要的资料，即生产物质生活本身。"自主活动是物质劳动的对应范畴。物质劳动与自主活动分离的根源在于分工，只有消灭了分工，才能实现"劳动向自主活动的转化"。尽管马克思否弃了哲学意义上的劳动概念，提出了"物质劳动"的概念，但如此这般的劳动还是"劳动一般"。因此，马克思随后揭示出资本主义条件下的劳动形式。物质劳动在资本主义私有制下的实现形式是"雇佣劳动"。在《哲学的贫困》中，马克思开始以经济学意义上的雇佣劳动来剖析现代社会；在《共产党宣言》中，马克思揭示出雇佣劳动与资本之间既对立又依赖的关系。但对雇佣劳动的完整解读还是在《资本论》及其手稿中完成的。所谓雇佣劳动，就是"严格的经济学意义上"的劳动。"雇佣劳动是设定资本即生产资本的劳动，也就是说，是这样的活劳动，它不但把它作为活动来实现时所需要的那些对象条件，而且还把它作为劳动能力存在时所需要的那些客观要素，都作为同它自己相对立的异己的权力生产出来，作为自为存在的、不以它为转移的价值生产出来。"雇佣劳动是资本主义社会特有的产物，它的出现以所有权和劳动相分离为前提条件，劳动者不得不出卖自己的劳动力而受资本家的剥削，劳动丧失其实际意义，变成资本家获取剩余价值的生产活动。以雇

佣劳动为核心的资本主义系统是一个剥削、对抗的系统，表现为死劳动支配活劳动、物支配人。

（二）劳动概念的两种解释模式

马克思对劳动概念的理解存在两种不同的解释模式。第一种是哲学的解释模式，强调劳动是人的本质、人的自我实现；第二种是经济学的解释模式，强调劳动是人类改造自然的物质活动，是满足人的需要、创造物质价值的活动。马克思通过两种不同的劳动概念对现代性和资本主义展开了一个总体性批判。

图 2-1-1 马克思雕像

二、树立马克思主义劳动观的意义

马克思主义劳动观主要建立在对资本主义条件下劳动的批判基础上。但是，它对于社会主义市场经济条件下的中国同样具有重要的规范意义。

（一）劳动的伦理向度

马克思的自由劳动以及劳动伦理思想对于当下中国社会具有重要的规范和引导意义。中国是社会主义国家，更应当以劳动者为主体，实现自由劳动，促进人的全面而自由的发展。作为人的"生活的第一需要"的自由劳动是未来社会的劳动形式，但在现有的社会条件下，劳动更多的是"谋生的手段"，但这仍然要求我们审视劳动的伦理向度，从人的全面自由发展角度来调整现实的劳动关系，创造各种条件让劳动者在劳动中得到尊严和尊重，促进人的自我实现。体面劳动是贯彻马克思自由劳动以及劳动伦理思想的现实实践形态。坚持以人为本的、具有伦理关怀的劳动理念，就是要让劳动者体面地劳动。"体面劳动"（decent work）的概念最早由国际劳工组织在第87届国际劳工大会上提出，基本内容包括：保障劳动者的就业条件及在工作中免受歧视；劳动者收入能够满足基本经济、社会、家庭以及个人发展的需要；劳动者享受充分的社会保障和劳动权利；劳动者有表达自我意愿和参与劳动管理的机会。体面劳动的核心是维护劳动者权利，保证劳动者的劳动是体面的、有尊严的和自我发展的劳动。体面劳动概念提出后，在中国得到积极反响，受到党和政府的积极关注。马克思自由劳动理念是体面劳动的根本伦理目标和指向，它在现实层面上可以具体化为四个方面，即基本权利、平等就业、社会保护以及社会对话，它们成为衡量体面劳动实现程度的主要标准。根据这四个方面的标准，当前我国劳动关系还面临一系列严峻的现实问题，它们影响了体面劳动的实现。坚持以人为本的自由劳动观，促进劳动者体面劳动，需要从以下四个方面不断努力。

第一，劳动报酬是劳动者的基本经济权利，也是体面劳动的最重要的保障。实现劳动者的体面劳动，就是要不断增加劳动者的劳动报酬，与经济社会发展的速度相适应；劳动者的收入能够保证自己及家庭过上体面的、有尊严的生活。

第二，提供充分、体面的就业机会，这是实现劳动者体面劳动的前提。当前我国劳动者面临严峻的就业形势，仍然存在诸多方面的就业歧视。实现劳动者平等就业任重道远。

第三，为劳动者提供有效的社会保护。体面劳动的社会保护主要包括职业安全卫生和社会保障。客观地说，我国相当多的劳动者特别是农民工的生命权、健康权、安全权以及养老、医疗等方面的社会保障没有得到有效的社会保护，他们从事的工作离体面劳动还比较远。

第四，促进工会、雇主组织和政府之间的社会对话。这就要求工会和政府在维护劳动者合法权益上发挥积极作用。

（二）劳动的价值向度

马克思劳动价值向度有两个方面：价值论和价值观。劳动价值论（包括剩余价值论）是马克思从经济学角度研究资本主义的理论基石。与此同时，马克思对商品、货币和资本拜物教的分析不仅是政治经济学的，也是一种意识形态批判，从价值观角度批判资本主义物化本质。马克思在古典政治经济学的基础上，发展了劳动价值论，指出具体劳动形成使用价值，抽象劳动创造价值。

马克思是劳动价值论的一元论者，他认为任何价值都是人的劳动的产物，土地、资本、机器设备等生产要素在生产过程中只进行价值转移，其本身并不创造价值。马克思劳动价值论创立一百多年后，当代世界和中国经济结构及社会现实都发生了重大变化：一方面，人的劳动形态日益多样化和复杂化，社会生产由以体力劳动为主转变为以脑力劳动为主，管理劳动、服务性劳动在生产中占据的比重越来越大。另一方面，信息、知识、科技等日益成为独立的生产要素，作用越来越突出。正是在这样的背景下，一些人认为马克思劳动价值论过时了。实际上，当代社会的经济生活并未超出劳动价值论涵盖的范畴。在马克思那个时代，创造价值的劳动主要是直接生产者的劳动；在当代社会，劳动具体形式不管如何改变，也都没有突破劳动价值论的核心要点：人的劳动创造价值。现实中的劳动仍然是由人进行的，是人的体力和脑力的支出。科技、知识等生产要素不断进入劳动过程中，但并不进入价值形成和价值增值过程，劳动仍然是创造价值的唯一源泉。另外，我们不能将价值生产与价值分配混淆，承认生产要素参与价值分配，不等于承认它们是创造价值的源泉。因此，马克思劳动价值论仍然具有科学性，在当今中国坚持、强调劳动价值论具有极强的现实针对性。劳动是财富的源泉，劳动者是实现社会进步和国家富强的主体，必须充分发挥劳动阶级的主力军作用。我们党提出以人为本的理念，其核心是以劳动者为本。然而，某些地方政府为了调动投资者的积极性，过分倾向于按生产要素进行分配，造成了劳动收入与非劳动收入的严重失调。按生产要素分配是市场经济条件下的分配原则，但必须与体现社会主义基本价值的按劳分配原则有机结合起来。商品、货币和资本拜物教在价值观层面上显现为金钱至上、功利主义和享乐主义等。我们应当树立马克思的劳动价值观，自觉抵制功利主义等思想的泛滥。在马克思那里，劳动既是一种历史观，也是一种价值观。马克思在价值观和意识形态层面上，批判资本主义将资本视为"普照的光"、将"不劳而获"视为人生价值追求。马克思将劳动写在社会主义价值的大旗上，劳动价值观是社会主义核心价值观的基本内容。真正体面的生活，是从事劳动，而不是拥有物质资本。坚持马克思劳动价值观的核心在于树立"劳动光荣"的价值理念。党的十八大报告提出："要营造劳动光荣、创造伟大的社会氛围。"习近平总书记进一步强调，"必须牢固树立劳动最光荣、劳动最崇高、劳动最伟大、劳动最美丽的观念"。总而言之，马克思劳动价值观的现实启示是"勤劳致富"和"劳动光荣"的理念应当深入人心。

（三）劳动的自治向度

《资本论》中存在两种意义的"占有"：一是所有权意义上的，即资本家对劳动力的占有与剥削；二是劳动过程支配权意义上的，即资本家对生产组织的实际占有。劳动解放既包括劳动者从私有制的束缚中解放出来，又涉及从劳动过程中解放出来。马克思批判资本主义条件下的劳动组织（以及管理）是专制式的，带有各种"奴役的锁链和它们的目前的阶级性质"，因此还"需要一种新的生产组织"。马克思设想的未来社会的生产组织形式是"联合起来的社会劳动"，在生产资料共同占有的前提下，联合起来的劳动者按照共同的合理的计划进行社会劳动。马克思的"劳动者自由联合体"在现有条件下还无法实现，但其蕴含的劳动自治，劳动组织管理民主化、人道化等理念对当前中国构建和谐劳动关系、实现体面劳动具有重要的指导意义。

三、践行马克思主义劳动观的途径

当代大学生肩负着建设国家的使命，树立正确、科学、积极的劳动观是必要的前提。当代大学生劳动观教育存在的问题皆由社会、学校、家庭以及个人等因素造成，那么对当代大学生进行劳动观教育也应由社会、学校、家庭以及个人四方面相互配合。

（一）拓宽社会劳动观教育的渠道

劳动观教育的成功是培养社会人才的重要途径，一个成功的社会人才，会得到更多社会各方面的认可。首先，社会要呼吁更多的人意识到劳动观教育的重要性，关注劳动观教育的成果，让更多人看到劳动人民的美；其次，政府应出台相应的制度，肯定劳动观教育的意义，营造一种热爱劳动的良好社会氛围；最后，要懂得如何利用社会和政府的资源对当代大学生进行思想上的灌输，树立科学、积极的劳动观。因此，拓宽社会劳动观教育的渠道是必要的。

（二）深化高校劳动观教育的关键作用

当代大学生从步入校园到走进社会，最重要的学习时间都是在学校里。学生在学校里学习知识、学习就业技能、学习处事能力、学习劳动能力等，学校对学生有着指引的作用。因此，对当代大学生要进行全方位的培养，而劳动观教育作为当代大学生全面发展的重要内容，也是各方面素质教育的基础。学校要正确引导学生的劳动观，并让他们正确地理解劳动观教育的重要含义，对个别劳动观有偏颇的学生，应及时进行正确地指导，并结合劳动实践，让学生切身体会劳动带来的快乐与收获，使当代大学生德智体美劳得到全面的提高。在设置课程上不应局限于校内，还应与校外的一些活动相结合，让学生更加贴近地接触社会，对一些穷苦的工农群体、基层工种的群体有一个更加直观的认识，有一个更加具体、更加生动的教育经验，让当代大学生更加理解这些群体，更加珍惜劳动成果。

（三）奠定家庭劳动观教育的基础作用

家庭作为孩子的第一所学校，父母作为孩子的第一任老师，对于树立孩子正确的劳动观是责无旁贷的。家长的劳动观直接影响到孩子的劳动观，因此，首先家长应自我评价什么是正确的劳动观，并意识到劳动观的重要性，且要做到以身作则，教育孩子正确看待体力劳动者，不管是体力劳动者还是脑力劳动者都是值得我们尊重的。其次，应积极引导并带动孩子劳动的积极性，在周末或是闲暇之余，可以陪伴孩子一起进行田间劳动，也可以在家一起打扫卫生，让他们体会劳动带来的快乐和收获，也让他们明白劳动成果的来之不易，并让他们养成"我劳动、我快乐"的自主意识，培养他们的独立性以及自我服务的习惯。

（四）发挥学生劳动观教育的本体功能

不管社会、学校还是家庭的影响如何，最重要的还是在于当代学生自身的领悟与行动，在充分认识到劳动观教育的重要性和充分理解劳动观的概念的情况下，应真正将劳动观念内化于心，将劳动行为外化于行，并充分发挥劳动观教育的自觉性。学生作为国家未来的建设者和接班人，要真正意义上体会劳动过程的快乐和美，将书本上所学的知识在生活中、学习中充分发挥出来，将理论与实践完美结合，通过劳动实现人生的理想，坚决摒弃懒惰、自私等不良习惯，打心底里认同劳动为美德，自觉做到应尽的责任和义务，成为积极向上、有冲劲、有理想、有担当的接班人。

● **任务评价**

1. 马克思主义劳动观在当今时代有何具体意义？
2. 作为新时代大学生，我们该如何践行马克思主义劳动观？

● **能力拓展**

主动学习马克思主义劳动观的原著。

▤ 任务二　劳动精神、劳模精神、工匠精神

● **学习目标**

1. 把握劳动精神、劳模精神和工匠精神的实质与内涵。
2. 了解劳动精神、劳模精神和工匠精神的当代价值。

● **学习任务**

分别学习劳动精神、劳模精神和工匠精神的实质与内涵。

● **任务导入**

中华民族是热爱劳动、善于劳动的民族，几千年来，中国人民用勤劳的双手创造了无可替代的辉煌历史。三峡工程、南水北调、西气东输、杂交水稻、载人航天等激动人心的辉煌成就背后，是无数劳动者的心血。劳动精神、劳模精神和工匠精神，是广大劳动群众在从事社会生产的劳动实践中锤炼形成的，是工人阶级和广大劳动群众弥足珍贵的精神财富。党的十八大以来，习近平总书记立足于中国特色社会主义新时代的历史方位，多次就劳模精神、劳动精神、工匠精神(以下简称"三种精神")发表重要讲话并作出重要指示。这些讲话和指示立意高远、思想深邃、内涵丰富、饱含深情，科学界定了"三种精神"的丰富内涵，系统回答了事关"三种精神"的重大理论和实践问题，具有很强的政治性、思想性、理论性、实践性和

指导性。

● **任务准备**

1.每一名学生准备一个相关的事例进行分享。

2.寻找与劳动精神相关的内容进行阅读。

● **知识储备**

劳动精神是关于劳动的理念认知和行为实践的集中体现,在理念认知上表现为全社会尊重劳动、崇尚劳动、热爱劳动;在行为实践上表现为劳动者辛勤劳动、诚实劳动、创造性劳动。

"爱岗敬业、争创一流,艰苦奋斗、勇于创新,淡泊名利、甘于奉献"的劳模精神,是工人阶级伟大品格的具体体现。生动诠释了社会主义核心价值观,丰富了民族精神和时代精神的内涵,是激励全国各族人民团结奋斗、勇往直前的强大精神力量。在我们党团结带领人民进行革命、建设、改革的各个历史时期,广大劳动模范以高度的主人翁责任感、卓越的劳动创造、忘我的拼搏奉献,谱写出一曲可歌可泣的动人赞歌,为全国各族人民树立了光辉的学习榜样。

工匠精神包括职业技能、职业素养、职业理念等多个层次,是一种钻研技能、精益求精、敬业担当的职业精神。

● **任务实施**

一、劳动精神

(一)劳动精神的内涵

"崇尚劳动、热爱劳动、辛勤劳动、诚实劳动"是劳动精神的内涵。其中,"崇尚劳动"是树立正确的劳动价值观,充分认识到"劳动最光荣、劳动最伟大、劳动最崇高、劳动最美丽"。"热爱劳动"是培养正确的劳动态度,促进劳动者自觉劳动、积极劳动、主动劳动。"辛勤劳动"是对劳动过程及其强度的充分肯定,表明要充分遵循劳动的客观规律以及要达到的劳动强度,体力劳动要付出辛劳和汗水,脑力劳动也要付出智慧和心血。"诚实劳动"是对劳动者品德的客观规定,表明劳动要踏踏实实、求真务实、真抓实干、实事求是。

(二)劳动精神的主要特征

劳动精神在新时代具有更为深刻的内涵。爱岗敬业、勤奋务实是劳动的固有本色。一方面,爱岗敬业是劳动精神的基本要求。爱岗敬业体现的是对劳动的尊重、崇尚和热爱。勤奋务实是劳动精神的核心要义。勤奋是打开成功之门的钥匙,只有勤劳肯干、勤学苦练,才能不断实现自我突破,才能开辟人生和事业的前程。务实,就是要脚踏实地、拒绝空想,就是要真抓实干、不务虚功。另一方面，劳动精神在新时代具有诚实守信、艰苦奋斗的鲜明特色。诚实守信是劳动精神的立足基点。诚信是指人与人之间坦诚相待，信守诺言，强调内诚于心、外信于人。新时代赋予艰苦奋斗以新的内涵，要求我们在思想上增强不怕困难的意识，坚定克服困难的信心；在意志上保持昂扬的朝气、奋进的锐气；在行动上不怕苦、不怕累，吃苦在前，享乐在后。

（三）劳动精神的当代价值

1.弘扬劳动精神是全面建设社会主义现代化国家的时代诉求。

劳动是助推社会发展的引擎，是通往美好未来的阶梯。建设社会主义现代化强国，呼唤敢为人先、开拓进取的创新性劳动精神，推动我国实现科技自立自强，解决"卡脖子"的技术难题；呼唤刻苦钻研、精益求精的劳动精神，以知识和技能作为核心驱动力，推动实现高质量发展；呼唤敬业担当、苦干实干的劳动精神，脚踏实地，把实体经济做实做强做优。建设现代化强国，需要一支知识型、技能型、创新型劳动者大军，在劳动精神的号召下，发挥工人阶级主力军作用，撸起袖子加油干。

2.弘扬劳动精神是培养高尚道德情操的实践要求。

中华民族自古以来就是热爱劳动的民族，以崇尚劳动、尊重劳动者为表征的劳动精神是中华民族的宝贵精神财富，是培育和践行社会主义核心价值观的原生要素，理应成为全社会每个人的精神底色。然而，随着科技和社会的急速发展，劳动主体、劳动形式等发生了巨大的变化，劳动范畴丰富化、经济主体多元化、思想多元化、价值多元化、利益诉求多元化等对人们传统的劳动价值观念产生了巨大冲击。在这种环境下，更需要大力弘扬劳动精神，端正人们对劳动的认知，培养高尚道德品质，提高中华民族整体思想道德水平，推进社会主义精神文明建设。

3.弘扬劳动精神是贯彻落实以人民为中心发展理念的重要支撑。

以人民为中心的发展理念贯穿习近平治国理政思想和实践，是马克思主义价值观的时代彰显，是中国共产党的最高价值遵循。劳动精神坚持以人民为中心的价值导向，奉行"发展依靠人民，发展为了人民，发展成果由人民共享"的理念，体现了劳动主体与劳动目的的统一。一方面，劳动精神充分肯定了劳动人民的主体地位，尊重和鼓励一切劳动者以及他们的劳动创造，使广大人民群众在劳动中感受到幸福感和获得感。另一方面，劳动精神坚持劳动使人幸福的共享理念，通过辛勤劳动获得实实在在的利益，更加公平地享有劳动成果。新时代弘扬劳动精神，就是激励广大劳动者积极投身于中国特色社会主义伟大事业建设之中。

4.弘扬劳动精神是培育社会主义建设者和接班人的必备举措。

当前，加快建设宏大的知识型、技能型、创新型劳动者大军迫在眉睫。劳动精神培育是培养和造就时代新人的必然要求。围绕培育时代新人这个重大命题，应在全社会尤其是学校教育中培育和弘扬劳动精神，引导青少年树立正确的劳动价值观，培养良好劳动态度，涵养深厚的劳动情怀，培养高尚的劳动品质，激发广大青少年的积极性、主动性和创造性。在劳动的过程中，促进青少年的道德品质、智力水平、体力水平和审美能力充分提升，并实现自我价值与社会价值的统一，最终实现人的自由全面发展。

(四) 践行劳动精神

1. 尊重劳动，重构劳动认同。

我们应当牢固树立尊重劳动的思想观念，对一切创造物质财富和精神财富的劳动、一切有益于人民和社会的劳动，都应该承认、尊重和保护，包括尊重其合法权利、实现其合理报酬以及给予应有的褒奖等。要尊重和保护一切有益于人民和社会的劳动，不论是体力劳动，还是脑力劳动。不论是简单劳动，还是复杂劳动，一切为我国社会主义现代化建设作出贡献的劳动，都是光荣的，都应该得到承认和尊重。要在全社会大力倡导勤奋劳动、诚实劳动、创新劳动的良好风尚，继承中华民族崇尚劳动的传统美德，推动形成尊重劳动、鼓励劳动、保护劳动的浓厚氛围，让劳动绽放出更加璀璨的时代光芒。

2. 尊重劳动者，塑造劳动人格。

劳动的主体是劳动者，知识的载体是劳动者，创造的主体是劳动者，人才也皆来自劳动者。劳动没有贵贱之分，每一位劳动者都应该得到承认、受到尊重。只有尊重劳动者，才能把尊重劳动具体化，才能充分调动一切积极因素，激活各种劳动资源，为中国特色社会主义事业的发展提供不竭的力量源泉。要牢固树立热爱劳动、尊重劳动者的思想，抵制不劳而获、歧视劳动者，尤其是抵制歧视体力劳动者的错误思想。要更加尊重劳动者，特别是基层一线劳动者，切实保障劳动者的经济、政治、文化、社会、生态文明权益，实现体面劳动，促进劳动者的全面发展。

3. 尊重劳动价值，鼓励劳动创造。

劳动能够创造价值，实现经济效益，推动社会发展。尊重劳动，就要通过提高和改善劳动者的待遇来体现。财富的形成是多种要素共同作用的结果，但劳动是其中最为重要、最为活跃、最有创造力的要素，是创造财富最主要的源泉。

二、劳模精神

劳动模范是时代的先锋、民族的楷模，他们身上承载和彰显的劳模精神一直发挥着引领作用，丰富和拓展了中国精神内涵，充分展现了我国新时代工人阶级和劳动群众的高度自信，已成为社会主义核心价值体系的重要组成部分。进入新时代，我们要深刻把握劳模精神的崭新意蕴与当代价值，大力弘扬劳模精神，推动全社会形成尊重劳动、劳动光荣的良好风尚。

随着时代的发展，劳模被赋予越来越多的时代内涵和元素。无论是农民还是白领，无论是生产者还是创业者，无论是表现突出还是贡献巨大，无论是精神传承还是社会影响，劳模精神的核心都始终不变：爱岗敬业、争创一流，艰苦奋斗、勇于创新，淡泊名利、甘于奉献的精神。时代在变，但奋斗的底色不变。从老一代劳模王进喜、时传祥，到新一代敬业奉献模范罗阳、时代楷模黄大年，还有刘云清、王中美等全国五一劳动奖章获得者。中国桥、中国路、中国车，一个个伟大工程拔地而起；天宫、蛟龙、大飞机，大国重器燃起民族自信；新零售、高端制造、航天工程，创新之花开遍神州大地。正是一代代劳动者接续奋斗，铸就了中国大踏步赶上世界潮流的发展奇迹，实现了中华民族从站起来、富起来到强起来的伟大飞跃，开创了中国特色社会主义蓬勃发展的新时代。

（一）劳模精神的内涵

劳模精神的内涵是"爱岗敬业、争创一流，艰苦奋斗、勇于创新，淡泊名利、甘于奉献"。其中，"爱岗敬业、争创一流"是劳模精神的本质特征，体现了劳模对国家、社会、职业的高度责任感、使命感和舍我其谁的主人翁精神。"艰苦奋斗、勇于创新"是劳模精神的品质，劳动模范是辛勤劳动、诚实劳动、创造性劳动的积极实践者，踏踏实实、奋发图强、勇于挑战、敢为人先，在实现中华民族伟大复兴的历史征程中埋头苦干、求真务实、创新创造。"淡泊名利、甘于奉献"则是劳模精神的价值追求，彰显了劳模先进心甘情愿、默默坚守、全身心投入，不求声名和个人私利的优秀品质。

（二）劳模精神的主要特征

劳模精神是劳动者品质在劳模身上的集中体现，是劳动精神的生动诠释。习近平总书记指出："劳动模范身上体现的'爱岗敬业、争创一流，艰苦奋斗、勇于创新，淡泊名利、甘于奉献'的劳模精神，是伟大时代精神的生动体现。"在二十四字劳模精神中，爱岗敬业表现基本态度，争创一流映现不懈追求，艰苦奋斗体现良好作风，勇于创新彰显强大动力，淡泊名利突出至高境界，甘于奉献展现无私情怀。劳模精神是劳模群体持有的思想观念和价值取向，但劳模精神不囿于劳模群体，是超越劳模群体的社会性精神。劳模精神已成为劳动精神的一面旗帜，引领更多的劳动者向劳模学习，向劳模看齐，以实际行动践行劳模精神。

（三）劳模精神的当代价值

1. 凝聚建功新时代的磅礴伟力。

劳动模范是"干出新时代"的排头兵，是践行"实干兴邦"的楷模。激励广大劳动群众争做新时代的奋斗者，就是要让实干担当在新时代蔚然成风，让改革创新在新时代焕发活力，让精益求精在新时代落地生根。只要我们持之以恒地弘扬劳模精神，充分调动起广大劳动人民的积极性、主动性和创造性，就一定能最大限度地聚合起人们饱满的奋斗热情，从而为建功新时代、实现中国梦凝聚起磅礴的中国力量。

2. 引领新时代产业工人队伍建设。

推进产业工人队伍建设，是以习近平同志为核心的党中央着眼于巩固党的执政基础、实施制造强国战略、全面提高产业工人素质作出的重大决策部署。在新时代，应充分发挥劳动模范和工匠人才的示范带动和价值引领作用，培养造就更多劳动模范、大国工匠，努力打造一支有理想守信念、懂技术会创新、敢担当讲奉献的宏大产业工人队伍，建设知识型、技能型、创新型劳动者大军。

3. 昭示新时代劳动教育的价值取向。

劳动模范是每个时代劳动精神的典型化身，是引导广大学生培育践行社会主义核心价值观的宝贵财富和有效载体。应充分发挥劳动模范先进事迹和优秀品质的感召作用，让青少年有机会近距离接触劳动模范、聆听劳模故事、感受劳模精神，在实践中体悟劳模精神，在磨炼意志和增长才干中感受劳动的乐趣和收获，从而培育辛勤劳动、诚实劳动、创造性劳动的精神气质。

(四) 践行劳模精神

1. 学习劳模先进事迹，向劳模学习。

充分利用各种载体学习劳模先进事迹，深刻理解劳模的精神内涵。劳模绝不平凡，并非人人皆能成为劳模，但平凡人完全可以学习、践行劳模精神。劳模精神生长于工人阶级和劳动群众普遍具有的优秀品质之中，是一种起于平凡的不平凡精神，并不是高不可攀的。对每一个学生来说，践行劳模精神更多的是发现劳动的乐趣，激发对职业的热情，并不一定需要有惊天动地的业绩，只要尽心尽力做好每一件事情，只要有水滴石穿的坚忍精神，终将放射出耀眼的光彩。

2. 用实际行动不断践行劳模精神，做新时代"四有"青年。

我们要大力弘扬劳模特别能吃苦、特别能战斗的精神；要爱岗敬业，甘于奉献，做到干一行爱一行；要与时俱进，不断汲取新知识，钻研新技术，掌握新本领；要提高自身的学习能力、创新能力和竞争能力，为社会发展提供新动力，做有理想、有道德、有文化、有纪律的新时代"四有"青年。

劳模精神是一道光亮，是一种能照亮黑夜、温暖人心的希望之光；劳模精神是一种取向，是一种人生道德观念和价值取向。时代的变迁、社会的发展，证明了劳动是人类文明进步的源泉，劳模是时代的标杆和旗帜，劳模精神是社会发展的宝贵财富。我们要学习劳模所表现出来的团队协作精神，这是一种无华的忠诚、一种朴实的敬业、一种与日俱增的进取，更是一股指导我们实践的强大力量。

三、工匠精神

(一) 工匠精神的内涵及特征

工匠精神的内涵是"执着专注、精益求精、一丝不苟、追求卓越"。其中，"执着专注"是精神状态，是时间上的坚持、精神上的聚焦；"精益求精"是品质追求,是质量上的完美、技术上的极致;"一丝不苟"是自我要求,是细节上的坚守、态度上的严谨;"追求卓越"是理想信念,是理想上的远大、信念上的高远。工匠精神既体现了敬业之美的精神原色,又表现了创造之美的品质追求,更展现了追求之美的价值升华(图2-2-1)。

图 2-2-1　工匠精神

第一个层面,精神层面。"工匠精神"指的是爱岗敬业、无私奉献,甘为孺子牛的精神,是从业人员对工作始终保持认真、负责、热爱的态度和精神理念。爱岗敬业、无私奉献是"工匠精神"的力量源泉。从这个层面上讲,"工匠精神"不应当被狭义地认为是工人或蓝领才需具备的精神,而是广泛包括各行各业的人在各自工作岗位上应有的价值追求与精神品质。因此,"工匠精神"是一种全民族的精神,它存在于每一个人心中。

第二个层面,行为层面。"工匠精神"表现为勇于创新、持续专注、注重细节。我们熟知的大国工匠,个个都是持续专注、敢于开拓创新的推动者。"工匠精神"所倡导的执着、专注,并不是简单的机械重复或是因循守旧、一成不变,而是强调在原有技术路线上精益求精,在传统技艺基础上不断钻研、革新,在一点一滴的积累中实现技术和工艺创新的过程。它的核心内涵是要不断地钻研、革新以及传承。

第三个层面,目标层面。"工匠精神"指的是精益求精、追求极致的精神,是努力想要把品质从99%提升到99.99%的精神。"工匠精神"的目标就是要打造本行业的精品。对于真正的工匠而言,工作不单单是赚钱、养家糊口的工具,更是一种对工作执着坚持、对产品精益求精的信仰。对产品每个细节做到极致的欲望，注重工艺的精致化，对产品卓越品质的坚持和追求正是"工匠精神"的重要体现。

（二）工匠精神的当代价值

1. 工匠精神是衡量社会文明进步的重要尺度。实现中华民族伟大复兴的中国梦，物质财富要极大丰富，精神财富也要极大丰富。只有物质文明建设和精神文明建设都搞好，国家物质力量和精神力量都增强，全国各族人民物质生活和精神生活都改善，中国特色社会主义事业才能顺利向前推进。也就是说，物质文明与精神文明是推动社会文明进步的"两个轮子"，是实现中华民族伟大复兴中国梦的"一双翅膀"，两者缺一不可。事实上，工匠精神的发育程度与社会的物质文明、精神文明的进步程度直接相关。从精神文明的角度来看，工匠精神作为一种职业精神，在本质上是同社会主义核心价值观，特别是同其中的敬业、诚信要求高度契合的。从物质文明的角度来看，工匠精神在物质文明的创造过程中可以发挥强大的精神动力及智力支持作用。

2. 工匠精神是中国制造前行的精神源泉。如今，中国已成为世界第一制造业大国。尽管中国成了"世界工厂"，贴有"MADE IN CHINA"标签的产品在世界随处可见。大到汽车、电器制造，小到制笔、制鞋，国内许多产业的规模居于世界前列，却依然缺少真正由中国创造的东西，甚至一些外国人将其等同于"山寨"产品，这严重损害了中国企业和中国品牌的形象。在许多业内人士看来，中国制造业大而不强，产品质量整体不高，背后的重要根源之一就是缺乏具备工匠精神的高技能人才。为实现中国从全球制造大国到制造强国的跨越，2015年5月8日，国务院正式印发《中国制造2025》，提出了中国政府实施制造强国战略第一个十年行动纲领。中国要迎头赶上世界制造强国，成功实现《中国制造2025》战略目标，就必须在全社会大力弘扬以工匠精神为核心的职业精神。只有当敬业、精益、专注、创新的工匠精神融入生产、设计、经营的每一个环节，实现由"重量"到"重质"的突围，中国制造才能赢得未来。

3. 工匠精神是企业竞争发展的品牌资本。随着市场经济特别是知识经济的到来，现代经济越来越呈现为一种品牌经济。在现代市场经济视域下，作为知识资本形态的品牌形象也是一种可经营的企业资本，是一种潜在的、无形的、动态的、能够带来价值增值的价值，是传统的会计体系反映不了的无形资本。

4. 工匠精神是个人成长的道德指引。尊重个人的价值、启迪智慧、实现发展，不仅是个人成长的强烈需求，同时也是现代企业的责任和使命。而工匠精神作为一种职业精神，是企业员工提升个人精神追求、完善个人职业素养、实现个人成长进步的重要道德指引。企业员工所具有的高尚职业操守和强烈的工匠精神与拥有较高专业知识技能一样，是其自身立足职场的重要条件和在未来职业生涯中脱颖而出的制胜法宝。

（三）践行工匠精神

1.怀匠心。匠心，即能工巧匠之心，它是指精巧、精妙的心思，本质上就是创新之心。成语中的匠心独运或独具匠心，指的就是这样的灵明独到之心。匠心是工匠精神的第一位要素，是工匠精神的核心价值和灵魂。因为心是精神之宅、智慧之府、载体之本。古人强调："运用之妙，存乎一心。"可见，心是神明，心是主宰。反之，失却匠心，工匠就沦为庸匠，精神也就随之贬值，沦为低阶的、不足为道的存在。换言之，工匠精神如果抽掉了匠心的内涵，只剩下形而下的操作，恐怕离匠气也就不远了。所以培育学生怀持匠心，生成匠意、匠思、匠智，亦即培养学生的创新精神和创新品格，是工匠精神培养的首要任务。

2.铸匠魂。什么是工匠之魂？是德，是人的品德、品行、品格。德是工匠精神的支柱。古人说："才者，德之资也；德者，才之帅也。"可见，工匠之才是由工匠之德统领的。有学者强调："人因德而立，德因魂而高。"德，就是工匠精神的统领与根本，是工匠精神的内涵和灵魂。因而培养工匠精神必须铸匠魂、立匠德。人有了德之魂，才能立世生存、行之久远。这就是康德所说的："德行就是力量。"反之，人若失却德之魂，就只能算是躯壳和皮囊。所以，职业教育必须践行立德树人的"育人铸魂"工程，与劳模精神和工匠精神相结合，培养学生的职业道德、职业精神、职业素养。要搜集和整理具有育人效应的大国工匠、大师劳模们的成长案例，融入德育课程中，让学生在职业学习过程中，眼中有标杆、心中有榜样、效学有依托，真正成为追寻大师、德技双修的人。

3.守匠情。匠情之情是情怀之意，是人们对事物怀持的或投射在事物之上的积极、崇高、富有正能量的情感与态度的总和。守匠情，即怀持和坚守工匠情怀，这种情怀内在地包含了人的价值取向和职业态度，是工匠精神的重要组成部分。工匠情怀包括热爱情怀、敬畏情怀、家国情怀、担当情怀、卓越情怀等。这些情怀在大国工匠、非遗大师身上都有突出体现。培养学生的工匠精神，就是要培养他们崇高的家国情怀、职业的敬畏情怀、负责的担当情怀、精益的卓越情怀。学习大国工匠身上的这些优秀品质，树立正确的价值观和职业态度，这样才能真正得大师真传、汲精神滋养，将自己磨砺锻造成大写的人。

4.践匠行。匠行是指工匠们做事的行为和行动。培养工匠精神不是因为它是热点和时尚，不是为了蹭热点、追时尚、贴标签才随之起舞。它是需要真抓实做、大力践行的。践匠行需要明了匠行基于深厚的历史和文化内涵生成的独到的行为特征：执着、精技、崇德、求新等。高凤林的火箭发动机焊接精确控制到头发丝的 1/50；大飞机首席钳工胡双钱生活艰窘，蜗居 30 m² 斗室 30 年，却创造了加工数十万个飞机零件无次品的奇迹。这就是匠行的真髓、真谛、真义。培养学生的工匠精神就是要按照这样的准则和标高，去培养学生脚踏实地专注做事的精神，培养学生精益求精、追求卓越的境界，培养学生遵道守德、无私敬业的品格。这样培养出来的学生，才是德润身、技立世、品高端的深受欢迎的人才。

● 任务评价

1. 劳动精神、劳模精神和工匠精神在当今时代有何具体意义？
2. 作为新时代大学生，我们该如何践行劳动精神、劳模精神和工匠精神？

● 能力拓展

1. 请设计践行劳动精神等的具体方案，写一份详细的计划。
2. 观看纪录片《大国工匠》。

模块二

家庭劳动技能

项目三
家居整理

工匠精神

王崇伦：走在时间前面的人

　　1927 年，王崇伦出生在辽宁省辽阳农村的一个贫苦人家。1942 年，王崇伦辍学来到鞍山的钢厂当学徒，受尽了欺辱。1949 年，鞍山解放了，王崇伦望着满目疮痍的鞍山钢铁厂，决心为建设"新鞍钢"多出一份力。从此，他一头扎进了书本，把业余时间都用在了学习文化、技术知识上，成为新中国成立后鞍钢职工队伍中为数不多的年轻高级技工之一。1952 年，王崇伦所在的工具车间承担为中国人民志愿军加工飞机副油箱拉杆的任务。王崇伦研制出利用刨床加工拉杆的特殊卡具，这比用铣床加工的工效提高了 24 倍，而且全部达到一级品。这年秋天，王崇伦光荣地加入了中国共产党。

　　1953 年，王崇伦作为鞍钢北部机修厂工具车间的刨工，悄悄地搞起了科研攻关。他创造性地用刨床代替插床，设计了一个圆筒形的工具胎，把插床垂直切削转变成刨床的水平切削。这一独特工具胎被命名为"万能工具胎"，加工卡动器的纪录连连被刷新，由 45 分钟缩短到 30 分钟，最后降到 19 分钟，相当于最初效率的 6 至 7 倍。王崇伦仅用一年时间就完成了 4 年又 17 天的生产任务，成为全国最先完成第一个五年计划的一线工人。《人民日报》为此发表社论《发扬王崇伦的工作精神，提前完成国家计划》，号召全国工人学习王崇伦的先进榜样。王崇伦也因此被誉为"走在时间前面的人"。

　　（https://www.thepaper.cn/newsDetail_forward_13450906，有改动）

任务一　整理和收纳

● 学习目标

1. 了解家居整理和收纳的方法、原则。
2. 学会整理房间、收纳、清洁以及简单的针线技巧。
3. 能主动帮助家人进行日常家居整理。
4. 树立热爱生活、热爱劳动的意识。

● 学习任务

在充分了解整理房间、收纳、清洁以及简单的针线技巧后，学会家居整理和收纳技巧，并利用假期为自己的家进行一次"变脸"。

● 任务导入

著名思想家梁漱溟曾说过："人一辈子，首先要解决人和物之间的关系，这种关系应该是，以物致心，心意相通，热诚而节制。"这是人和物最好的关系。整理家居，能收获好心情；整理家居，要从整理内心开始。一间干净整洁的卧室，一处宽敞明亮的客厅，一个充满烟火气的厨房，是美好家庭生活的开始，也是愉快心情的发源地。

● 任务准备

1. 清洁剂、清洁工具、收纳工具。
2. 针线工具。

● 知识窗

清洁工具介绍	清洁马桶小窍门	我是针线小达人

● 知识储备

一、房间整理

总原则：桌面物品尽量少、地上垃圾勤清扫、收纳空间随手到、起床叠被习惯好。

(一)桌面物品尽量少

收拾房间最重要的原则就是尽量减少在外的物品,给足留白的空间,才会显得家中整齐。所以桌面上的物品应该尽量减少,书桌上可以摆放一两本在读的图书。工作和学习使用的文件、笔和本子等相关物品都应尽量收纳起来。餐桌或茶几上可以摆放相应的茶具,但也应该摆放整齐。切忌随手放杯子等物品,显得桌面杂乱。

(二)地上垃圾勤清扫

房间整洁,地面也是重点区域。要使地面干净,肯定离不开两点:第一是勤打扫,第二是要保持。在室内重点区域设置一个垃圾桶,防止乱扔垃圾。

(三)收纳空间随手到

家中的长时间使用的地方最好 1.5 m 内就有收纳的空间。如床头柜最好收纳床边经常使用的物品,而不是放置衣物。书桌的抽屉应尽量存放在书桌上使用的笔、纸、本等用具。

(四)起床叠被习惯好

床上的卫生和整洁也是家居整理非常重要的一环。床上用品要勤洗勤换,定时晒太阳消毒。床上的物品最好尽量少,物品摆放占的空间也尽量少,所以被子整齐叠放就非常重要了。也可直接把被子收纳进衣柜中,床面没有物品更显整洁。

二、房间收纳

(一)客厅收纳

客厅是展示一个家庭品位的重要场所,也是人们第一眼看到的场所。但客厅实际的空间非常有限,要使客厅展现出独有的魅力和主人的品位,可利用客厅不好利用的墙角,做一个柜子嵌入墙面。例如可做酒架或主人收藏品的展示架,也可在上方添置隔板,放上最爱的书籍。

(二)卧室收纳

1.卧室床头。

卧室床头往往会放一些装饰画等物件作为点缀,但其实把这个区域利用起来,做一些床头定制柜(图 3-1-1),就能将卧室的储物空间增加多倍,而且床头也是离床最近的位置,把睡前看的书或杂志放在上面,或者一些生活用品分区放在上面,比放在床头小柜上要好得多。

2.床。

卧室乱糟糟,很大一部分原因是床上太乱了。起床时收拾一下床,不仅能增加整个卧室的剩余空间,而且看起来能整洁许多。

3.卧室高箱床。

卧室里除了放一些生活用品、衣物等,还有一些不容忽视的大件——

棉被以及不当季的衣服。所以在选择床品时，尽量选择高箱床(图3-1-2)。高箱床下面的储物空间一般来说足够我们放置一些冬季衣物等大件生活用品，把这些大件从卧室衣柜里拿出来以后，衣柜又增加了一些空间，收纳也更方便。

图3-1-1 卧室床头柜

图3-1-2 卧室高箱床

4.厨房收纳。

对厨房的橱柜、抽屉进行分类，平时物品使用后应立即物归原处。抽屉的分配要合理，并且遵从就近原则。

厨房的橱柜门后、厨房门后可安置置物架，可以放置些轻巧的物品。橱柜的置物架最好小一点，储物柜的门后可放不经常用的调味品。

大弧度的铰链式三角储物柜(图 3-1-3)可以利用角落的立方空间。轻轻拉开门板，物品即能轻松放入橱柜的最里端了。尽管三角储物牺牲了一部分立方空间，但是方便人们拿到柜子里的物品，而且给厨房提供了一个展示餐具收藏的最佳角度。多层的样式更能增加储物柜的稳固性。

图 3-1-3　厨房储物柜

三、房间清洁

(一)厨房清洁

厨房清洁的六个步骤：

1. 清洗煤气灶灶头。

正常的煤气灶火应为蓝色，但如果出气口被残屑阻塞，炉火的颜色就会变红。这时可用吸尘器吸取火口处的残屑，或用牙签清理残屑。

2. 擦炉具。

烹饪时，在炉具旁边放一块湿布，可随时擦去炉具上的脏物，因为炉具在受热时较易清洁。

3. 清洁排气扇。

清洁排气扇时一定要拔掉电源插头(若无插头，就切断电源)，卸下的外壳要用温水和清洁剂清洗。可用微湿的布擦拭扇叶，但不要将扇叶弄湿，将外壳擦干后重新装好。

4. 清洁厨房墙壁污垢。

用大张的纸巾盖住有污垢的地方，然后用清洁剂喷湿纸巾，纸巾便会粘贴在墙壁上。约 15 min 后污渍便会软化，将纸巾撕下，然后擦拭污垢，即可取得事半功倍的效果。

5. 清洗地板上的油渍。

处理地板上的油渍时，可先把面粉撒在油渍上，把面粉扫走后再用清洁剂擦拭。或者在拖把上倒一点醋，反复擦拭后，就可以把地面擦拭干净。

6. 清除厨房异味。

在锅中加入少许食醋加热蒸发，即可除去厨房异味。平时应开窗，尽量让阳光照进厨房，因为阳光中的紫外线有杀菌作用。

(二)卫生间清洁

1. 清洁马桶。

先用清洁剂喷淋马桶内部，要对着出水口喷，几分钟后，再用厕所刷彻底地刷洗一遍，然后再刷马桶座和其他缝隙，最后按下马桶出水开关，即可冲走马桶污垢。马桶外侧的底座，要先用清洁剂喷淋刷洗，然后用水冲洗，最后用干净的布擦干。

2. 清洁镜子。

卫生间的镜子因为长期处于潮湿的环境中，表面易产生水雾，这时候无论是用干毛巾还是湿毛巾都很难清理干净。面对这种情况，我们可以先在镜子上涂一层香皂，然后再用干燥的抹布抹干，镜子就会恢复清晰。这种方法也适用于浴室内的盥洗台。

3. 清洁堵塞的喷头。

淋浴喷头使用时间长了就会出现出水不畅的现象，这通常是由于水垢积聚堵塞喷头。这时可将喷头拆下，浸泡在食醋中 1~2 h 后取出，然后用牙刷刷掉软化的水垢即可。

(三)房间清洁

1. 把垃圾放在房间或厨房的垃圾桶里；脏杯子和碗放到洗碗槽里；将文件分类整理好。

2. 把脏衣服和干净衣服分开，把脏衣服放进洗衣桶里，把干净衣服整齐叠好放进衣柜，可以划出几个小间隔来让衣服变得整整齐齐。

3. 把扔在地板上的东西捡起来分类放好，之后再清理床底。

4. 清理家具的顶部，掸走灰尘。

5. 整理床铺。

6. 扫地拖地/吸尘。记得清理到所有的边边角角，包括床底。

7. 保持这种清洁的状态。把每件东西放在正确的位置，这样下一次整理就不会花这么多时间了。

8. 建议每隔一段时间改变一下装修或是家具摆放位置。

● **任务实施**

一、我是收纳小能手

1. 环保省钱的牙刷架。

平时可以将饮料盖子等留下来，然后在瓶盖边缘打一个洞，再将它们贴在墙上，可以很好地收纳牙刷(图 3-1-4)，但是要注意使用的瓶盖尽量保持一致，否则将影响美观。

图 3-1-4　DIY 牙刷架

2. 简约 DIY 木制浴室储物框。

使用木材在浴室装一个木框(图 3-1-5)，可以放置毛巾、清洁用品、杯子等。操作非常简单：先制作好木框，涂上油漆或贴上好看的壁纸，然后装在墙上。

3. 浴室三脚架装洗漱用品。

浴室的洗漱用品每次使用后都是湿淋淋的，放在台面上容易形成水垢，而且东倒西歪的，看起来较杂乱。若放在柜子里，则不方便取用。所以可以使用多层三脚架(图 3-1-6)，可以很好地分类摆放各种洗漱用品，且三脚架网状的材质容易沥水。三脚架安装在毛巾架上，既节省空间又方便使用。

图 3-1-5　浴室储物框

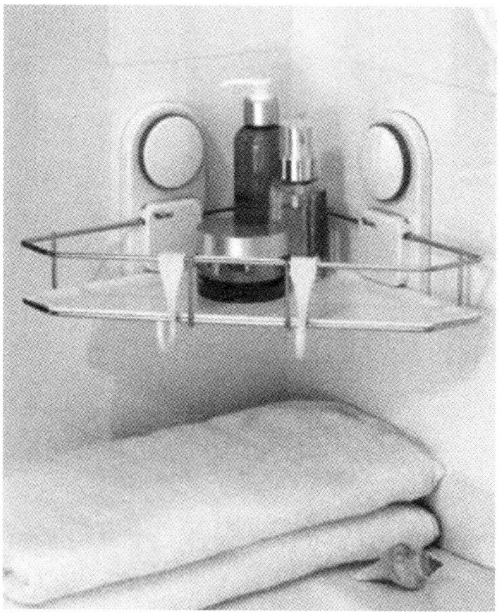

图 3-1-6　浴室三脚架

二、我是针线小达人

(一) 包边缝

包边缝也叫毛边缝，用于装饰布片边缘，还可以用于锁扣眼。

1. 沿着布片边缘表面出针。

2.将线绕过布片,出针处前方再入针,针目可自己调整。

3.拉紧线段。

4.重复动作 2、3。

5.完成线迹。

(二)平针缝

平针缝用于两片布的拼接或缝制较薄的布。

1.从记号点外 0.7 cm 处入针。

2.往前约 0.5 cm 处出针。

3.往后回一半,入针,往前记号点出针。

4.往前上下运针,针目为 0.2~0.3 cm,运针 2~3 针后抽针。

5.动作 4 反复进行,直到缝完。

(三)回针缝

回针缝用于增强平针缝得不牢靠或缝制较厚的布。

1.从记号点外 0.7 cm 处入针,往前约 0.5 cm 出针。

2.往后回一半,入针,往前记号处出针。

3.回到前一针尾部入针。

4.往前约 0.7 cm 处出针。

5.重复动作 3、4,直至完成。

(四)藏针缝

藏针缝也叫贴布缝,用于将 B 布缝在 A 布上或绲边条的缝合。

1.从 A 布背面入针,B 布表面出针。

2.由 A 布的对称点入针。

3.在 B 布往前约 0.3 cm 出针。

4.重复动作 2、3。

5.完成后的线迹。

(五)缩缝

缩缝用于制作缩口。

1.由圆形布片表面入针,往前约 0.5 cm 处出针。

2.再往前 0.5 cm 处入针。

3.以平针缝前进,针目为 0.5~0.7 cm。

4.完成(拉紧缝线可以收缩开口)。

(六)疏缝

疏缝用于将表布、铺棉和里布暂时固定。

1.将表布、铺棉与里布三层依次排列。

2.将疏缝线单线打结,由布片中心点入针。

3.往前约 2.5 cm 处表面出针。

4.再往前 2.5 cm 处表面入针、出针。

5.最后一针回针不打结。

6. 以中心点向外缝十字状。

7. 再缝 45° 对角线。

8. 缝制时可用汤勺辅助。

这个示例是疏缝的其中一种，是为下面的"压缝"做准备的。

(七) 压缝

压缝用于增加缝制服装或布艺作品的立体感及紧固度。

1. 表布、铺棉和里布用上面方法"疏缝"后，用记号笔画出欲压缝的线条。

2. 起针将线头藏入铺棉内，沿着记号线以平针缝前进，针目为 0.2 ~ 0.3 cm。

3. 采用同样的方法缝完所有记号线，拆掉疏缝线即完成。

● 任务评价

1. 参考制作一件收纳用品并拍照分享成果。

2. 自己缝补衣物并拍照分享。

● 能力拓展

1. 观看收纳小技巧之毛衣的收纳技巧的视频。

2. 寻找机会参加一项针线劳动，可以是织毛衣、缝补衣物、手工制作等，认真体会劳动过程，反思一下：通过劳动，自己的身体、知识、思维能力、意志、人际关系发生了什么变化？努力将该项劳动坚持一个学期，然后在本学期结束时再次系统反思自己各方面发生的变化。

任务二　家电的保养护理

● 学习目标

1. 了解常见家电功能及使用方法。

2. 能够进行小家电的日常维护与保养。

3. 树立科学精神与劳动意识。

● 学习任务

在了解学习常见家电的故障情况和对应维护方法后，选择一个出现故障的常用小家电进行"诊断"和"治疗"。

● **任务导入**

在日常生活中，我们总会遇到一些麻烦事，比如家居生活中小电器损坏，请专业人士维修花费高，请他人帮忙较麻烦，所以掌握一些家电维护小技巧很有必要。

● **任务准备**

1. 家电检修工具箱。
2. 小型家电。
3. 家电清洁剂和清洁工具。

● **知识窗**

洗衣机护理技巧

冰箱危险操作

● **知识储备**

一、家电保养护理的原则

家电保养护理总原则如下：

（一）干燥

家电属于电器类产品，保持干燥是第一原则。

电饭煲：内锅一定要擦干。电饭煲的内锅千万不要带着水放进电饭煲内，一定要擦干。另外电饭锅要放在干燥的地方，以免使用不当造成漏电。内锅不要盛放腐蚀性的物品和液体。

电磁炉：电磁炉使用完后不要用带水的湿布擦拭。一定要在干燥、远离火源的地方使用。要水平放置，离墙面或某个物体要有一定距离。

电视机：若室内湿度大于80%，则液晶电视内部可能会有结露现象，导致漏电或者短路，因此电视机放置的环境要干燥。清洁电视机时，要用纯棉的干布轻轻擦拭。电视机最忌磁场干扰，旁边最好别放磁性物体。

（二）稳定

家电养护第二大原则，环境、电压稳定。例如：空调使用时最忌电压不稳，电压不稳会使空调压缩机受影响，降低制冷效果。使用空调时不能频繁地启动，否则容易造成瞬时电流过大而烧毁熔丝。洗衣机要放在干燥通风的地方，确保放置平稳，以免高速运转的时候发生振动。洗衣服前要检查有无尖硬的物品，一次清洗的衣物不要过多，使用时不能用湿手插电源，以免触电。冰箱使用时周围不能有微波炉一类的热源电器，否则会影响冰箱制冷效果。冰箱放置不能倾斜，以免造成压缩机内部的润滑油流入制冷系统。

二、家电保养护理的方法

(一)灯具

正确安装灯具是延长灯具使用寿命的前提。如果安装不正确，灯具很容易损坏，有时甚至发生爆炸，非常危险。

家居中，卫生间和厨房灯具安装尤为重要。卫生间的灯须装有防潮灯罩，否则将大大缩短的使用寿命；厨房灯应特别注意防油烟，因为油垢的积聚会影响灯的照明度；选择浅色的灯罩透光度较好，但容易粘灰，要勤于擦拭，以免影响光线的穿透度；一般来说，不要让厨卫的灯具安放在容易凝聚水汽的位置，以免发生爆裂。

1. 老化灯管应及早更换。

如使用已久的灯具灯管两端发红或显现黑影，就要及时更换，防止不安全现象出现。在购买灯具时认真研究灯管灯泡上标明的有效时间并定期更换老化灯管灯泡，这对整体灯具维护很有帮助。

2. 灯具要正确清洁。

清理灯具的过程中注意不要改变灯具的结构，也不要随便更换灯具的部件。在清洁维护结束后，应按原样将灯具装好，不要漏装、错装灯具零部件。

一般灯具用干布擦拭，并注意防止潮气入侵。如果灯具为非金属材料，可用湿布擦，以免灰尘积聚，影响照明效果。

3. 尽量避免频繁开关。

灯具使用时不要频繁地开关，因为在灯具启动的瞬间，通过灯丝的电流都大于正常工作时的电流，使得灯丝温度急剧升高，加速升华，从而会大大减少其使用寿命，因此要尽量减少灯具的开关频率。

(二)电饭煲

电饭煲即电饭锅，为多功能设计，以电为能源，通常由电灶(发热板)、锅体、锅盖等部分组成。配有自动控制开关，可煮、焖、蒸、炖饭菜，是较为方便的炊具之一。

电饭锅按加热方法可分为：①直接加热式。由发热板直接把热量传给锅内加热，具有省时间、耗电少等优点。②间接加热式。由发热板先加热内外锅间的水使之产生蒸汽，把饭加热蒸熟，具有保温性能好、安全可靠等优点。

使用电饭煲时的注意事项如下：

(1)电饭煲内锅受碰后容易发生变形，内锅变形后底部与电热板就不能很好吻合,导致烹调时受热不均。所以使用时要轻拿轻放内锅,以免磕碰。

(2)在搅拌米粥、米饭,或翻拌菜肴和面食时,应用木匙或竹筷子。如用铁铲或不锈钢铲子,会刮掉内锅涂层。

(3)使用电饭煲时,应保证锅底和发热板之间接触良好,可将内锅左右转动几次。

(4)使用时,应将蒸煮的食物先放入锅内,盖上盖,再插上电源插头。取出食物之前应先将电源插头拔下,以确保安全。

(5)用完电饭煲后,应立即把电源插头拔下。否则,自动保温仍在起作用,既浪费电,也容易烧坏元件。

(6)使用中还应该保证电饭煲内胆和电热盘之间的清洁,避免出现水点、饭粒等杂物,这样会影响煮饭的效果,严重时有烧坏元器件的可能。

(三)微波炉

微波炉又称微波灶,其用途多样,功能齐全,不仅能煲、蒸、煮、炖、烤食物,而且还具有快速解冻和杀菌消毒等多种功能。微波炉的优良性能、快捷烹饪以及高质量烹饪食物等特点,使其在家庭中普及率越来越高。

图3-2-1所示为家中常用的电脑控制型微波炉的基本结构示意图。电脑控制型微波炉主要是由磁控管、炉腔、炉门、定时和功率分配器等主要元器件组成。

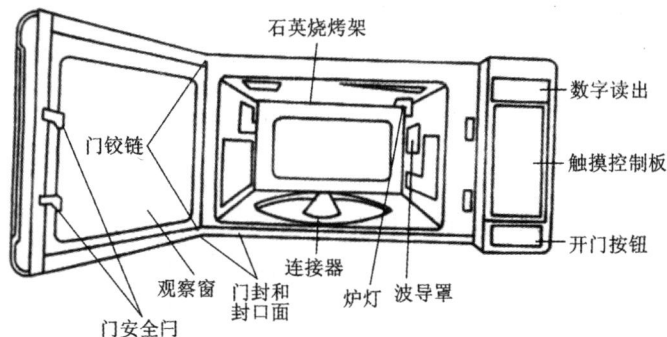

图 3-2-1　微波炉示意图

使用微波炉时的注意事项如下:

(1)微波炉应放在平稳、干燥、通风的地方。炉子背部、顶部和两侧均应留出10厘米以上的空隙,以保持良好的通风环境。

(2)微波炉附近不要有磁性物质,以免干扰炉腔内磁场的均匀状态。还要和电视机、收音机保持一定的距离,否则会影响视、听效果。

(3)炉内不能使用金属或带金属配件的容器。也不能使用木制、竹制、塑料、漆器等不耐热的容器及凹凸状的玻璃制品、镶有金银花边的瓷制碗碟，应使用耐热玻璃、耐热陶瓷等专用器皿。

（4）定期检查炉门四周和门锁。如有损坏、闭合不良等现象应停止使用以防微波泄漏。

（5）微波炉工作时，不宜把脸贴近微波炉观察窗，防止眼睛因微波辐射而受伤。开启微波炉后，人应远离微波炉。人体不宜长时间受到微波照射，否则会导致头晕目眩、乏力、脱发等。

（6）不要碰撞、扭曲炉门，以免微波炉泄漏超标。万一门被损坏，应请专业人员检修合格后方可使用。炉门应轻开轻关。

（四）电磁炉

电磁炉是利用电磁感应加热方法烹调食物的，具有热效率高、安全性好、控温准确以及清洁卫生等优点，烹调食物时无明火和热辐射，烹调的食物虽然不具有焦黄色泽及特殊香味，但可以最大限度地保留食物中的营养成分。

正确使用电磁炉可获得最佳的使用效果和延长其使用寿命，一般应注意以下几点：

（1）电磁炉工作时应远离电视机、收音机等家用电器，或错开它们的使用时间，以防电磁干扰。

（2）电磁炉为专用锅体，一般不宜更换其他锅体。严禁使用非导磁材料制成的锅。在确实需要更换锅体时，应在锅底放一块磁性不锈钢板，作为热传导过渡。

（3）不得用铁器等硬物削刮灶台面板和锅底，并随时注意灶台是否有裂缝或损伤，以防汤水等渗入灶内而引起电气元件受潮或损坏。

（4）灶台上不能放置导磁材料制品，严禁锅体空烧或干烧，以免灶台面板过热而导致干裂损坏。

（五）洗衣机

1. 使用洗衣机时的注意事项如下：

①检查衣物是否适合洗衣机洗涤及是否适合水洗。

②洗涤前要清理衣袋，将硬币、沙子、发夹等物品取出。

③将衣物的长带（如裙带、领带等）打结，纽扣扣好，拉链拉好。

④洗涤物不应过量，洗涤时应以衣物正常翻转为宜，投入前将衣物展开并抖松。

⑤破损衣物应修补后再洗涤。

⑥将易褪色、串色、脱毛的衣物和其他衣物分开洗涤。

⑦手套、毛巾等小件衣物放入洗衣袋中洗涤。

⑧内衣裤、袜子尽量不用洗衣机洗，坚持手洗。

投放洗涤剂、漂白剂或柔顺剂：根据洗衣机桶内放入衣物的量确定洗涤剂的用量，洗涤剂不应使用高泡沫洗衣粉（剂）；具备漂白或柔顺功能的洗衣机可根据需要放入漂白剂或柔顺剂。按照洗涤剂说明放入适量洗涤剂。洗涤图标如图3-2-2所示。

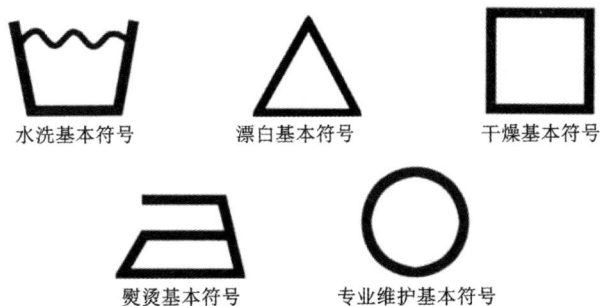

水洗基本符号　　　漂白基本符号　　　干燥基本符号

熨烫基本符号　　　专业维护基本符号

图3-2-2　洗涤图标

2.洗衣机日常保养方法。

①洗衣结束后,必须拔下电源插头并关闭自来水水龙头。

②在清理洗衣机时,必须将电源线插头从插座上拔下。

③洗衣机使用后,需要及时清除线屑过滤器等处附有的线屑杂物。

④全自动洗衣机进水阀的过滤网易被杂物堵塞,阻碍进水,过滤网约每两个月应用刷子清洗一次。

⑤波轮洗衣机使用后,要用干净的软布将洗衣机表面及桶内水珠擦干净,将上盖打开一段时间(约1 h)后再关上。

⑥滚筒洗衣机长时间不用时应微开机门,打开一段时间(约1 h)后再关上机门,防止潮湿和异味。

3.洗衣机清洁剂的选择。

洗衣机清洗方式常见有两种:一是请专业人员拆卸洗衣机槽进行清洗,这种方式成本较高且较麻烦;另一种是使用专业的高除菌率洗衣机槽清洁剂清洗,去污除菌一步到位,简单有效。

(六)电冰箱

1.定期对冰箱进行清洁(每年至少两次)。清洁冰箱时先切断电源,用软布蘸上清水或食具洗洁精,轻轻擦洗,然后蘸清水将洗洁精拭去。

2.为防止损坏箱外涂覆层和箱内塑料零件,清洗过程中请勿用洗衣粉、去污粉等腐蚀性清洁剂和刷子,可选择食醋、白酒或专门除臭的软布来擦洗,最后再用清水洗净。

3.箱内附件肮脏积垢时,应拆下用清水或洗洁精清洗。电气零件表面应用干布擦拭。

4.清洁完毕,将电源插头牢牢插好,检查温度控制器是否设定在正确位置。

5.冰箱长时间不使用时,应拔下电源插头,将箱内擦拭干净,待箱内充分干燥后，关好箱门。

（七）笔记本电脑

1. 外壳的养护。

采用塑料保护膜来预防磨损，同时可用透明胶带剪成小条，粘在边角易磨损之处，能起到很好的保护作用。

清洁外壳时一定要关机，切断电源、拆下电池。

2. 屏幕的清洁与保护。

屏幕最容易沾染灰尘，平时用干燥的软毛刷清洁即可。必要时可使用笔记本专用的清洁液和清洁布来清洁笔记本的屏幕灰尘和指纹。

不要使用坚硬的物品直接接触屏幕，否则会导致屏幕的永久性损坏。

避免强烈的阳光直射屏幕，强烈阳光的照射易加速屏幕老化。

长时间不使用电脑时要关闭屏幕。

3. 键盘的使用和清洁。

键盘清洁有两种方式，拆下键盘来彻底清洁或是简单清洁，即关机，将笔记本倒置，用手轻拍键盘，清除里面的杂物灰尘，也可以用软毛的小排笔将键帽下面的杂质清除。

（八）电视机

总原则：电视机使用年限尽量不超过 8 年；电视机要定期进行清洁护理。

保养方法：

1. 清洁时使用水稀释洗涤剂，用抹布浸泡洗涤剂后拧干，再擦拭电视机的外壳，不要用挥发油等擦拭电视机外壳。

2. 先关闭电视机再清洁，准备柔软的棉布或眼镜布，可以蘸清水，但注意使用少量的水，水过多易导致屏幕短路，或者不清晰，如果电视机已经进了水，切勿接电，应放在温暖通风处让水分蒸干，或用风扇、吹风机吹干水分后才可连电使用。此外，不要使用酒精、洗涤灵等腐蚀性清洁剂。

3. 擦拭过程中不要在同一个地方来回用力擦拭，因为这样容易造成屏幕压痕或损坏，可以采用从左到右、从上到下的方式擦拭。先用湿布擦，然后再用干布擦拭一遍即可。

4. 平时电视机不要用塑料布、布套等覆盖，在电视机的底部不要垫泡沫塑料或绒布，以免影响电视机散热。

5. 避免连续使用的时间太长（最好不超过 8 h），长时间使用会使电视的内部零件温度过高从而烧坏内部零件或加速零件的老化。

小贴士：

在有条件的情况下可以选择使用外接键盘，这样可以降低键盘的损耗。或可以选择笔记本键盘膜，起到防止灰尘和键盘的磨损的效果。

● **任务实施**

一、电饭煲的维护

（一）灯不亮、不加热

检查电源线、保险管是否通电，有无其他脱落或烧断的电线和锅内电线是否接错或脱落。如果有，那就重新接好线。如果是按下加热键，触点合不上，那么需要调整触点间距。若发热盘内加热管烧坏了，则需要更换发热盘。

（二）煮夹生饭

出现饭夹生的现象一般是由限温器里的磁环磁力变弱造成的。处理方法：将电饭煲拆开之后检查它的磁环是否断裂，看看它的吸力怎么样，如果出现了损坏，就要更换磁环。

（三）煮好饭后不能保温

电饭煲保温效果变差，这种情况是因为保温开关的常闭触点表面积了灰尘或脏污，增大触电电阻，最后使触点闭合而导致电路不通，发热管不工作。这时可用细砂纸将触点的表面清洗干净，进行打磨，等到光滑之后就可以正常使用了。

（四）煮糊饭

煮饭变糊的现象也是常有的事情，可能是因为保温开关的常闭触点与结烧黏合在了一起，虽然此时饭已经煮熟、限温器的闸也已关闭，但保温开关仍然在给发电管通热，这样时间一长，饭就糊了。这时可用一把小刀将触点分开，然后用细砂纸将触点的表面清洗干净。

（五）漏电

可以用电笔上的灯亮与否来判断是否漏电。有时可能是因为接错线，解决的方法是对照其他新锅检查或重新布线。如果检查出是发热盘内加热管漏电，那么需要更换发热盘。如果是进水或受潮，那就需要晾晒了。

二、微波炉的维护

（一）加电无反应，保险管完好

机械控铺式微波炉：可检查机械定时器、磁控管限温器。电脑控制微波炉：观察电脑板的保险管，检查电脑板上电源变压器、磁控管限温保护器。在排除故障后，可换上保险管试机。

（二）能运转，但微波不加热

先测量高压变压器初级有无供电，然后根据测量结果确定检修范围。若测得高压变压器初级无 AC220 V 供电，机械控制微波炉，应检查定时器、门开关；电脑控制微波炉，应检查门开关、电脑板火力继电器及驱动三极管。若测得高压变压器初级有 AC220 V 电源，则检查高压变压器、高压保险、高压二极管、保护二极管。

(三)微波不加热,噪声增大或振动大

重点检查微波系统,如高压二极管、高压变压器、高压电容、双向二极管、磁控管是否存在故障。

(四)微波加热慢,火力明显减小

此故障通常是由于磁控管老化,少数是由于功率控制选择开关或功率继电器触点不良。

(五)启动或停止键失灵

此故障一般见于电脑控制式微波炉,应检查薄膜开关是否损坏。

(六)托盘不运转

在确认转轴与轨道正常的情况下,检查托盘同步电机及电机供电电压是否正常。

(七)风扇电机不运转

检查风扇电机及供电是否正常。

三、电磁炉的常见故障与排查

电磁炉的结构和电源较为复杂,容易发生故障的地方很多,因此检测和维修也比较复杂,其常见故障的现象、产生故障的原因及检测和排除故障的措施分述如下。

(一)故障一:电磁炉接通电源后,风扇不转动,排气孔无风

1.可能原因:

①插头接触不良。

②空烧。

③熔丝熔断。

④冷却风排气孔堵塞。若风扇正在运转而冷却排气孔无风吹出,则可能是冷却风排气孔被异物堵塞。

2.排查步骤:

①检查电源插头,如有松动,要重新插牢。

②一般高频电磁炉都有负载检测电路,如空烧就会停止加热。待电磁炉冷却后,放上盛有食品的锅便可重新烧煮。

③检查熔丝,如发现已熔断,查明原因后,更换同规格的熔丝。

④冷却风排气孔应经常保持清洁,如发现堵塞,应及时予以疏通。

(二)故障二:使用过程中电磁炉突然停止工作

1.可能原因:

①电源插头与电源座接触不良。

②熔丝熔断。

③加热线圈断路。

④与功率开关管 c、e 极间并联的二极管被击穿。

⑤高频谐振电容器被击穿。若与加热线圈并联的谐振电容器被击穿，则电路无谐振，电磁炉便不能工作。

⑥扼流圈烧断。如果扼流圈被烧断，就不能为加热线圈提供工作电流，电磁炉同样无法工作。

2. 排查步骤：

①在使用电磁炉过程中，人们有时会由于忙乱或其他原因未将电源插头插牢，不小心碰触一下就会造成虚插。此时，只需将电源插头与插座接触良好即可。

②检查装在电磁炉中的大电流熔丝是否熔断。若是，则应更换同型号的熔丝。

③若电源指示灯亮，而加热指示灯不亮，则应检查加热线圈是否有问题。若已损坏，则需更换（大部分电磁炉的电源指示灯为红色，加热指示灯为绿色。若电源指示灯亮，而加热指示灯不亮，则应重点检查加热线圈和指示灯电路）。

④如果这个二极管击穿后短路，功率开关便会失去作用，电磁炉不能继续工作。此时应更换已损坏的二极管。

⑤拆下电容器后用万用电表检测，若确已损坏，则予以更换。

⑥检查确认后更换同型号的扼流圈电容器。

（三）故障三：烧煮时有振动和振荡噪声

1. 可能原因：

①烹饪锅底不平造成与电磁炉灶台平板接触不良。

②取样电路有故障。高频电磁炉正常工作时振荡频率为(20~30)kHz，若有振荡尖叫声，表明工作频率偏低。当加上烧锅时有连续振荡声，说明负载检测电路有故障，一般多为取样电路故障。

2. 排查步骤：

①应更换平底锅，使锅底与电磁炉灶台平板贴合。

②应检测取样电路，看是否是由耦合电路开路造成的。如耦合电路断路，更换耦合电路后，电磁炉便能恢复正常指示灯亮，但不能加热。

● 任务评价

1. 清洁洗衣机、冰箱，并拍照分享成果。

2. 讨论各种型号手机维护的技巧。

● 能力拓展

观看家电护理小技巧之全方位清洁冰箱的视频。

项目四
家居环境美化

工匠精神

刘更生：在木匠人生里"雕刻时光"

在 2021 年"大国工匠年度人物"中，刘更生作为中国京作硬木家具制作技艺传承人，曾在保供冬奥期间承担着冬奥家具的全面产品设计及工艺把关的重任。他来自金隅集团天坛公司，不仅是全国建材行业的唯一受表彰人员，更是北京市属国企有史以来首位入选代表。

作为中国京作硬木家具制作技艺传承人，刘更生在保供冬奥期间严格把关冬奥家具的工艺、设计。据介绍，京作家具从原料到成品经历 100 多道大小工序，时间紧任务重，还要坚守冬奥严格的品质标准，刘更生就带领手工匠人，按照场地特点，反复琢磨技艺，针对代表性圈椅，先后改良 47 处，部件尺寸标准由误差范围 ±0.5 mm，缩减到误差范围 ±0.25 mm，平整度、表面光泽度标准都得到大幅提升。最终圆满完成保供冬奥任务，向世界传播中国传统家具文化之美。

作为中国非物质文化遗产项目"京作硬木家具制作技艺"代表性传承人，一盏青灯一刻刀，一把标尺一把锉，构成了他的全部世界。39 年来，他始终以初心护匠心，用技艺雕刻时光，用行动诠释着敬业、精益、专注、创新的新时代工匠精神。

任务一　家居美化的原则及方法

● 学习目标

1. 了解家居美化的原则。
2. 掌握家居美化技巧。
3. 树立劳动创造美的观念。

● 学习任务

在充分了解家居美化原则及技巧后，学会家居美化技巧，并利用闲暇时间为寝室或自己的家进行一次"美容"。

● 任务导入

如今，越来越多的人追求生活空间的高质量，喜欢花点小心思在家居美化布置上，如重新布置家具摆放位置、添置各色家居物品，让家居环境保持清新整洁并不断更新升级，时不时给家人制造小惊喜，让全家人都保持愉悦的心情。

● 任务准备

1. 清洁工具、家居装饰小工具准备。
2. 家居美化设计思路或图纸准备。

● 知识储备

一、家居美化原则

(一) 卫生间

卫生间是人们用水的重要场所，环境比较潮湿，容易滋生霉菌，特别是在卫生间的角落(图4-1-1)和瓷砖的缝隙处，总会有一些污渍，这大大降低了卫生间使用的舒适度。

对于这种污渍，可以使用温水与双氧水、小苏打、盐混合(具体是700 mL 的温水、两勺双氧水、两勺小苏打粉、一勺盐)，喷在霉菌滋生的地方，一段时间后就会发现霉菌慢慢地融化，再使用清水简单清洗即可。

铁锈可以使用柠檬和盐来进行清洁。首先可以使用蘸了柠檬汁的抹布来擦拭生锈部位，再用废弃的牙刷蘸盐进行刷洗。清洁冲洗后，将水渍擦干，防止再次生锈。

图 4-1-1　卫生间角落霉菌

（二）泛黄的窗帘

家中洁白的窗帘使用时间长了易泛黄，简单的清洗效果不佳。可在浸泡窗帘时加上半杯食盐，浸泡一天后再清洗，这样窗帘就洁白如新了。

（三）白色的家具表面出现污渍

白色的家具最容易出现污渍，用抹布很难擦拭干净，这时可使用牙膏挤在抹布上，轻轻地进行擦拭，这样污渍就会很轻松地去除，但是擦拭的力度不要太大，以免磨坏漆面。

二、常见家居美化方法

（一）色彩调节法

室内主色调采用素雅浅色，可给人以清新、宽敞、舒爽的感受。如把天花板刷成淡蓝色，墙壁刷成乳白色、米黄色或淡绿色，家具、窗帘、沙发或床罩取白、粉、淡蓝、微紫色等。

（二）家具组合法

利用组合、折叠的艺术可使房间的实用空间"变大"。组合家具不但占据空间小，而且经常变幻组合形式能给人以常变常新的新鲜感。饭桌、座椅凳、写字台甚至小孩的床铺，都可采用折叠式，这样就可腾出更有效的空间。有条件者可将房门设计建成左右推拉式，也可使居室变大（图 4-1-2）。

（三）玻璃反射法

在墙上装一整面的镜面玻璃，通过玻璃的反射作用和人的视觉差异可使房间有扩大一倍的感觉。特别是狭长的房间，在两侧装上玻璃效果更好。

（四）巧用空间法

比较高的居室可以利用空间高度在房顶四周制作一圈吊柜，使家具高空化。如与房顶装饰巧妙结合或建几平方米的小阁楼，可用来睡觉或放置一些不经常使用的物品。

图 4-1-2 折叠式家具

(五)壁画点缀法

在光线较好的墙面上布置几张画面深远、富有立体感的风景画,能引发遐想,使人顿觉地阔天高。增加采光法,如条件允许,可将窗户改成落地窗或在一定程度上扩大窗户的面积,因房间光线充足可使视觉空间增加,从而让人觉得房间面积增大了许多。

(六)整洁简序法

将房间的家具、摆设以及各种家用杂物归类摆放,令其井然有序,并将室内打扫得一尘不染,也会给人一种明亮舒适之感。

(七)窗帘增大法

将居室窗帘扩大至整个居室的一面墙一样大,使人产生一种窗大即房大的感觉。巧妙利用常春藤、吊竹梅等叶子下垂的植物,似具有动感活力的"绿色瀑布",既不占地方,又能增美溢香。

(八)线条装饰法

如果房间低矮,可在墙的四个角落各画几条色彩鲜艳的竖线条,天花板就会显得"高"些;要是房间长度较短,就在两边墙面的最下部各装饰一组横线条,房间即会变"长"些。

● 任务实施

美化自己的房间

家居美化方法及步骤:

①开启窗帘。拉窗帘、开窗、通风,检查窗帘是否有掉钩、脱轨或破损现象,窗户拉手是否灵便好用,关掉房内多余照明灯。平时窗帘的清洁

只需掸一掸，将灰尘掸落，如果有污垢的话就需要取下清洗。

②清理垃圾。将用过的烟缸、餐具、杯具统一收到厨房待洗，换上新的垃圾袋。

③清扫墙壁。用鸡毛掸将房内四壁掸一遍，用洁净的微湿抹布按顺序轻轻擦拭墙面，墙壁上应不留擦拭痕迹。

④清洁玻璃窗。清洁玻璃窗应先用湿抹布按从上到下、从左到右的顺序，两手夹着玻璃擦拭，直至擦净，然后要趁着玻璃表面七成干时，用撕碎的报纸或用干抹布擦干玻璃。玻璃清洁干净的标准：表面上无顽垢，无黏附性污迹；玻璃干净，明亮，无手印，无灰尘。

⑤整理床铺。日常将床单被套理齐拉平整。

⑥房内抹尘。准备干湿两块抹布，从房门门框开始，用湿抹布擦拭各种家具，用干抹布按顺时针方向抹踢脚边。用柔软的干抹布擦拭电器、镜子及其他遇湿易腐蚀物品。家具清洁顺序：由上至下，由里向外，从左到右，先桌面后桌腿，先擦大件再擦小件，先擦净处再擦脏处，先擦明处后擦暗处，先擦拭后摆放。

⑦地面清洁。按从里至外的顺序清扫房内地面的灰尘。

⑧卧室装饰。选取喜欢的摆件摆放在桌子或床头柜上，卧室空间大的话可以摆放几盆适合养在卧室的绿植和花卉。有兴趣的也可以设计照片墙或贴上其他图片来丰富卧室内容。

● **任务评价**

1. 清洁美化自己的房间并拍照分享成果。
2. 讨论家居美化的技巧。

● **能力拓展**

1. 观看家居清洁小技巧之厨房天然清洁剂的视频。
2. 定期对家里房间或寝室进行清洁整理。

任务二　家居美化小技巧

● **学习目标**

1. 了解家居美化常识。
2. 掌握插花、常见家庭绿植花卉养护技巧。
3. 具备美化家居环境的意识与实践能力。
4. 树立劳动创造美的观念。

● **学习任务**

在充分了解并掌握绿植种植和插花方法后，学会家居点缀技巧，并利用闲暇时间为寝室或自己的家增添一份养眼的颜色。

● **任务导入**

为了能在家体验到田园风光，许多人喜欢在家中种养绿植和花卉，这既可以美化家居环境，还可以陶冶情操，增添生活乐趣，让家人和自己时刻感受自然，保持平静满足的生活态度。

● **任务准备**

1.插花工具、材料准备。

2.绿植种植必备材料准备。

● **知识储备**

绿植花卉种养技巧。

一、客厅

客厅空间较大，也是待人接物的地方，应该选择具有较高观赏价值、高大的常绿植物，来彰显空间的大气。但对于不同的家装风格，要注意选择不同的植物以保持风格统一(图 4-2-1)。

图 4-2-1　客厅绿植

二、卧室

卧室是人们休息的场所，不建议摆放太多植物，也不适合摆放花香浓郁的花卉，一般选择清新淡雅、植株矮小的植物，可起到吸尘、净化空气的作用，同时要与窗帘、家具、床上用品、墙面等搭配协调。

三、书房

书房是人们工作和学习的地方，装点一些绿色植物有利于调节书房的氛围，但植物的种类不宜过多，以观叶植物或色彩淡雅的盆栽为宜。同时也可以摆放一些插花，但色彩不宜过于鲜艳，以简单素雅的艺术插花为宜。也可以根据自己的喜好添置玲珑雅致的小型观赏植物（图4-2-2）。在紧张的脑力工作后欣赏植物，可起到舒缓压力的作用。

图4-2-2　书房绿植

四、厨房

厨房油烟较多，摆上几盆绿植，可使空气保持清新。尽量选择生命力顽强、具备净化能力的植物。在厨房里，植物最好远离灶台，摆放在窗台或是水槽旁，这样既可以让植物吸收阳光，还方便给其浇水。浓浓的绿意好似与窗外的景致融为一体，彰显清新的田园风格。把植物放在调味品的置物架上，则多了份自然的诗意，连厨房都变得美好了（图4-2-3）。

图4-2-3　厨房绿植

五、卫生间

卫生间通常灯光暗淡,潮湿阴凉,难免有异味,需要选择耐阴、喜湿、有香味的植物。如果有窗户植物最好放置在窗户边,如没有窗户那么任何位置都可以摆放,只要不妨碍空间使用即可。

● 任务实施

一、插花技巧及步骤

(一)插花前准备工作

1. 收集必要的材料。

在插花之前,应先收集易得的材料。准备什么材料取决于插花的类型,你可能需要以下部分或全部材料:

①一个干净的容器来装花卉,可以是一个花瓶、一个碗或一个篮子等,取决于花卉的数量和大小。

②一些花卉泡沫或花卉饰扣(将花卉放在开口容器里)。

③一些花带或胶带(将花卉系起来,尤其用高瓶或窄瓶放插花的时候)。

④一把锋利的刀或花卉剪(修剪花卉的茎干)。

⑤一些防腐液(通常用在新鲜的花卉上)。

⑥一片干净、宽敞的地方,并铺上报纸。

2. 修剪花卉的茎叶。

在插花之前,先修剪花卉的茎叶(图4-2-4)。这可使花卉更容易吸收水分,保持新鲜。使用锋利的刀或花卉剪,在距离根部2.5 cm的地方斜切花卉的根茎。不建议使用厨房剪刀,因为这可能会破坏根茎,从而使根茎不能很好地吸水。

图4-2-4 修剪茎叶

如果在修剪时要离开(无论多长时间),那么在插花之前,记得直接将根茎二次剪断,然后再将它们插进容器。

在插花之前,还需要剪掉所有低于水面的叶子。这一点很重要,因为水里的叶子会腐烂,进而污染容器中的水。

3. 准备容器。

准备一个打算用来插花的花瓶、盆子或者其他容器(图4-2-5),确保容器干净并完好,不要有残留物和污垢。

图4-2-5　准备容器

如果使用的是花卉泡沫(这是种很棒的发明,它可以很好地控制插花的造型,并且可以让根茎吸收水分),那么可以将其浸泡在防腐剂中(15 min)。然后用一把锋利的刀将其削成预定的形状。将削好的、潮湿的泡沫放到容器中,然后用花带或胶带将其固定。

如果使用的是透明的花卉饰扣网格(这适用于支撑根部较重或者木质梗的花卉),可以将其放在容器里并用胶带或者花卉黏合剂将其保护固定。

或者,可以在容器底部安置些木质根茎的绿色植物,并让它们交织在一起。这就产生了一种有机的网格模型,从而能够保障成功地插花。

4. 添加水。

如果使用的是花卉饰扣,那么可以将其设计成网格状,从而让花卉自己直立起来,这时应往容器里加水。如果使用的是花卉泡沫,那么无须添加额外的水。

把水倒入容器后添加防腐剂。如果没有防腐剂,那么可以尝试添加几滴氯酸钠漂白水作为替代品——这可以杀死水中的细菌,进而有助于花卉更长时间保鲜。

(二)制作插花

1. 首先插入最大的、最主要的花卉。当你着手插花时,首先插入最大、最主要的花卉。在同一阶段,最好插入同一种类的花卉,而不是接着插不同类型的花卉。利用这种方法,可以更加平衡地安排花的品种、形状、颜色和层次。

TIPS:
如果花卉上存有含苞待放的花骨朵儿,并且你想让它们早点盛开,那么可以添加些温水,而不是冷水。这对于玫瑰和毛茛属植物最有效。

2.将花卉围成一圈,沿着容器边沿摆放(图4-2-6)。如果使用的是花卉泡沫,那么花卉的根茎应该很容易插入。如果不易插入,那么可将根茎削尖,进而将泡沫刺破,并将花卉插进去。千万要注意:空洞不要太大(直径不要宽于根茎),否则花卉很难固定。

在插花时,一定要顾览全局,以确保花卉都各在其位(转盘是个很好的工具)。

图4-2-6　摆放花卉

3.对花卉进行分层。一旦完成了第一圈的插花,接下来就要开始插入其他花卉。

插内圈花卉时,应该将其摆放在内圈。让这圈花的根茎稍稍长于外面的花朵,创造出一个半球形的视觉效果。当插花完成的时候,花卉看起来就像盛开在山顶一样。

以这种方式继续对花进行分层,一个品种一个品种地插,同时根据花的大小和数量进行合理安排(图4-2-7)。

图4-2-7　分层插花

每一层使用的花朵的数量应当是奇数。插花的一个主要规则就是:每种花卉的数量应该是奇数。例如,可以在外圈安插7朵红玫瑰,在内圈安

TIPS:

为使花卉保鲜,在剪掉花卉之后,立即将根茎浸泡在30.5 cm深的热水中。待水降温之后(达到微温的程度),将它们放在冰凉的水中。将花卉包裹起来,以免它们被烫伤。

一旦完成插花,你应该尽量让它们避免阳光直射,尽量让它们远离高温,远离水果,因为这些都会加剧花朵的萎蔫。

将花粉雄蕊从花朵里移除。

插 5 朵白玫瑰，然后用 3 朵满天星作为点缀。这让插花看起来不那么单调，显得更加和谐。

4. 注意高度和宽度。插花时，花卉的高度和宽度也是另外一个需要考虑的因素。一般的规则是：在高度方面，花卉的高度应当是花瓶高度（容器）的 1.5 倍。在宽度方面并没有一个明确的规则，但宽度与高度要保持协调。插花时，要不断地旋转容器，以确保高度和宽度能够协调。

5. 添加叶子、浆果或其他绿叶（图 4-2-8）。当插入所有喜爱的花朵后，可以往里面插入绿叶、浆果或者其他装饰品。这不仅可以增强插花的纹理，提高插花的生动性，而且还有助于花朵之间的独立性，促进空气流通，从而使花朵长久保鲜。

使用填充材料会给人留下这么一个印象——插花看上去很充实（看上去的数量比实际的数量要多）。所以，不需要花很多钱就可以制造出奢华的表象。

图 4-2-8　添加绿叶

二、绿萝土培方法及步骤

（一）浇水

在室内养殖绿萝（图 4-2-9），建议 3 天左右浇一次水。如果由于温度影响干得快，间隔时间短一点，反之间隔时间长一点。

在室外养殖绿萝，一般每天都需要浇水。

（二）选择花盆

花盆的选择没有特别讲究，取决于植物规格。如果随便养棵绿萝，那用普通塑料花盆就可以了；如果希望养得多，更茂盛，建议选择大一点的盆。

（三）选择土壤

其实绿萝是比较好养的植物，用土不需要太讲究，普通的养花的土就可以养得很好，如果不会养花，也可以选择腐叶土。

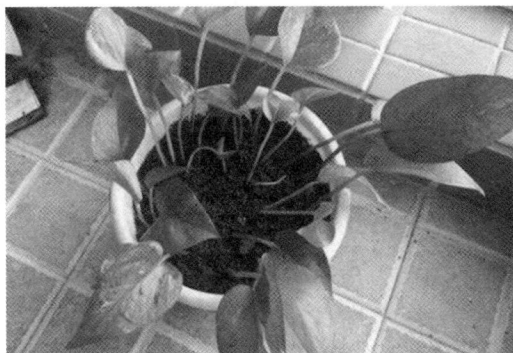

图 4-2-9　绿萝

(四)防止烂根

有时候发现绿萝烂根(图 4-2-10),一般是因为水浇太多了。这一点一定要注意。另外,冬季要把绿萝放到温暖的地方养,这个也是很重要的。

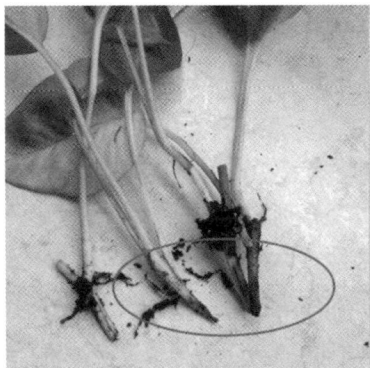

图 4-2-10　绿萝烂根

● 任务评价

1.完成一个插花作品并拍照分享成果。

2.种养一种绿植。

● 能力拓展

搜集绿植种养小技巧之不喜水的绿植养护方法。

项目五

垃圾分类

✎ **工匠精神**

王进：用生命保障万家灯火

在纪录片《大国工匠》的第一期里，国家电网人王进以一种不妥协的、创新的、无所畏惧的姿态成了1000千伏特高压线路带电作业第一人。他立于百米高空，在"刀锋"上起舞，守护着岁月通明、万家灯火。

二十多年的平凡坚守，王进的脚步走过黄河沿岸，穿过沂蒙山区，跨过鲁冀交界，也到达过黄海之滨。特超高压线路是数条无止尽的道路，伴随着这些无止尽的道路，王进的脚步也从未停止。无论是徒手爬60层楼高的杆塔，还是踩在离地数十米高空中的电缆线上手脚并用操作，再或是双腿坐在一根导线上，用双手完成作业，这些看似超乎寻常的事，对王进来说却是家常便饭。二十年如一日地面朝线路，为王进磨炼出了一身硬本事。曾有人用心统计过，王进共计为电网安全排除故障500余处，避免电量损失超过3亿千瓦时，以当前居民电价计算，减少的经济损失高达1.5亿元。

不惧霜寒、不惊荣辱、不谋私利、不辞辛苦，是王进的真实写照。劳模，用导演张艺谋的话来说，就是不断训练、磨炼自己的那点手艺，让他在面对即将到来的问题的时候，能拿出自己的办法。

多年来，对自己从事的工作，王进始终有一份深深的自豪感、使命感。他用自己的实际行动生动诠释了"劳动最光荣、劳动最崇高、劳动最伟大、劳动最美丽"，在实现中华民族伟大复兴的新征程上，谱写了新时代的劳动者之歌。

(https://mp.weixin.qq.com/s/sd1PxRKScz3_uyX7odeB2A)

任务一 垃圾分类方法和技巧

● 学习目标

1.了解国内外垃圾分类方法。
2.掌握垃圾分类技巧。
3.树立环境保护意识。

● 学习任务

掌握垃圾分类原则及技巧后，学会垃圾分类技巧，在宿舍和家中进行垃圾分类知识学习和区别练习，并在日常生活中时刻践行垃圾分类，养成合理处理垃圾的好习惯。

● 任务导入

"垃圾是放错位置的资源。"分好类的垃圾经过专门的回收处理，都能物尽其用：食物垃圾变成沼气和生物肥料；废塑料瓶变成新的塑料制品；旧报纸可用于印刷新报纸；金属瓶盖可用来造汽车……

● 任务准备

1.垃圾分类工具准备。
2.家庭垃圾分类计划准备。

● 知识窗

国外垃圾分类方法

● 知识储备

一、垃圾分类的意义

（一）垃圾分类起因

垃圾分类是对垃圾收集处置传统方式的改革，是对垃圾进行有效处置的一种科学管理方法。人们面对日益增长的垃圾产量和环境状况恶化的局面，如何通过垃圾分类管理，最大限度地实现垃圾资源利用，减少垃圾处置的数量，改善生存环境状态，是当前世界各国共同关注的问题。

垃圾增多的原因是随着人们生活水平的提高，各项消费也日益增多。经过高温焚化后的垃圾虽然不会占用大量的土地，但它投资惊人。难道我们对待垃圾就束手无策了吗？办法是有的，那就是垃圾分类。垃圾分类即指在源头将垃圾分类投放，并通过分类清运和回收使之重新变成资源。

(二)垃圾分类的好处

1.减少土地侵蚀。

生活垃圾中有些物质不易降解，会使土地受到严重侵蚀。垃圾分类，去掉可以回收的、不易降解的物质，可减少60%以上的垃圾。

2.减少污染。

我国的垃圾处理多采用卫生填埋甚至简易填埋的方式，占用上万亩土地，并且虫蝇乱飞，污水四溢，臭气熏天，严重污染环境。

土壤中的废塑料会导致农作物减产；废塑料被动物误食，导致动物死亡的事故时有发生。因此回收利用还可以减少垃圾对动植物的危害。

3.变废为宝。

中国每年使用塑料快餐盒达40亿个，方便面碗(5~7)亿个，一次性筷子数十亿双，这些占生活垃圾的8%~15%。1吨废塑料可回炼600 kg的柴油；回收1500吨废纸，可少砍伐用于生产1200吨纸的林木；1吨易拉罐熔化后能结成1吨很好的铝块，可减少20吨铝矿的开采等。生活垃圾中有30%~40%可以回收利用，应珍惜这个小本大利的资源。大家也可以利用易拉罐制作笔盒，既环保又节约资源(图5-1-1)。

图5-1-1　易拉罐循环

而且，垃圾中的其他物质也能转化为资源，如食品、草木和织物可以堆肥，生产有机肥料；垃圾焚烧可以发电、供热或制冷；砖瓦、灰土可以加工成建材等。如果能充分挖掘回收生活垃圾中蕴含的资源潜力，可获得较大的经济效益。可见，及时进行分类、回收再利用是解决垃圾问题的最好途径。

总之，垃圾分类的好处是显而易见的。垃圾分类后被送到工厂而不是填埋场，既省下了土地，又避免了填埋或焚烧所产生的污染，还可以变废为宝。在这场人与垃圾的"战役"中，人们把垃圾从敌人变成了朋友。

二、垃圾分类标准

生活垃圾按照国家相关规定和不同属性、处理方式分为下列类别：

（1）可回收物，是指纸类、塑料器具、金属、玻璃、织物等可资源化利用的废弃物。

（2）有害垃圾，是指含汞灯管，家用化学品，含铅、汞、镉电池等对人体健康或者自然环境造成直接或者潜在危害的废弃物。

（3）厨余垃圾，是指菜帮、菜叶、瓜果皮壳、剩菜剩饭、肉碎骨、水产品、畜禽内脏等易腐烂、含有机质的废弃物。根据厨余垃圾产生在家庭、餐饮服务、农贸市场等场所的不同，分为家庭厨余垃圾、餐厨垃圾和其他厨余垃圾。

（4）其他垃圾，是指前三项之外的废弃物，包括大骨头、餐巾纸、卫生间用纸、纸尿裤、塑料袋、花盆、陶瓷等。

家具、家用电器等整体性强、体积超过生活垃圾收集容器的废弃物，称为大件垃圾。

三、减少垃圾的基本方法

（一）垃圾减量

将避免或减少垃圾产生的理念贯穿到产品设计、制造、生产、流通和消费等环节，倡导清洁生产和低碳生活，减少资源消耗和垃圾产生。

（二）减少产生

少买独立包装的食品及用品，尽量选购家庭装或补充装；减少使用一次性用品，摒弃即用即弃的习惯。

（三）物尽其用

弃置物体前，先考虑其可否再用；将无用的物品转赠给有需要的人，比埋在堆填区更有价值。

（四）循环再造

将废弃物分类后放进可回收垃圾桶或交给专业回收人员，支持绿色消费，购买循环再造用品；使用可循环再造或可分解物料包装的用品。

（五）绿色低碳

1. 就餐：适量点菜，合理搭配，减少浪费；提倡剩菜打包带走；不使用一次性餐盒、一次性筷子、一次性水杯等。

2. 学习办公：不使用一次性签字笔、一次性圆珠笔等文具；纸张双面书写、打印，尽量运用互联网、局域网进行电子化教学，开展无纸化办公；使用可回收物生产的再生产品。

3. 旅行：提倡登山、郊游、外出等旅游时自带可重复使用的杯子、洗漱用品等，不使用一次性用品；旅行中产生的垃圾分类收集、投放、不随手丢弃，做文明的志愿者。

4. 购物：提倡购买并使用有中国环境标志、循环利用标志和中国环保产品认证标志的环境友好型商品。

● **任务实施**

学习日常垃圾分类操作

(一) 第一步：垃圾收集

收集垃圾时，应做到密闭收集、分类收集，防止二次污染环境，收集后应及时清理作业现场，清洁收集容器和分类垃圾桶。非垃圾压缩车直接收集的方式，应在垃圾收集容器中内置垃圾袋，通过保洁员密闭收集。

(二) 第二步：投放前

垃圾投放前，纸类应尽量叠放整齐，避免揉团。

瓶罐类物品应尽可能将容器内产品用尽，清理干净后投放。

厨余垃圾应做到袋装、密闭投放。

(三) 第三步：投放时

应按垃圾分类标志的提示，分别投放到指定的地点和容器中。玻璃类物品应小心轻放，以免破损。

(四) 第四步：投放后

应注意盖好垃圾桶上盖，以免垃圾污染周围环境，滋生蚊蝇。

● **任务评价**

1. 完成垃圾分类并拍照分享成果。

2. 讨论垃圾分类技巧。

● **能力拓展**

学习更多垃圾分类小知识。

✎ 任务二　家庭垃圾分类实施方案

● **学习目标**

1. 学会设计我的家庭垃圾分类计划。

2. 能够主动进行家庭垃圾分类。

3.树立环境保护意识。

● **学习任务**

在掌握垃圾分类原则及技巧后,进行垃圾分类劳动实践,并根据劳动实践体验设计自己的家庭垃圾分类方案,提升自我垃圾分类意识及能力,带动家人参与垃圾分类实践。

● **任务导入**

习近平总书记在党的十九大报告中指出:"建设生态文明是中华民族永续发展的千年大计。"垃圾分类关系到每个人的身心健康,将垃圾分类理念植入全民心中,号召每个家庭参与垃圾分类劳动实践,都具有非常深远的意义。

● **任务准备**

1.家庭垃圾分类实践准备。
2.垃圾分类知识准备。

● **知识储备**

一、认识生活垃圾分类四色图标及对应垃圾桶颜色

图5-2-1所示为垃圾桶图标。

绿色:厨余垃圾　　　　　　　　蓝色:可回收物

黑色:其他垃圾　　　　　　　　红色:有害垃圾

图5-2-1　垃圾桶图标

(一)厨余垃圾

厨余垃圾指在食品加工和消费过程中产生的剩菜剩饭、菜帮菜叶、瓜果皮核、废弃食物、废弃食用油脂等易腐的垃圾及家庭盆栽废弃的枝叶等。

(二)可回收物

可回收物指回收后经过再加工可以成为生产原料或经过整理可再利用的物品等。

(三)其他垃圾

其他垃圾指可回收、厨余垃圾、有害垃圾之外的垃圾。

(四)有害垃圾

指含有对人体健康有害的重金属、有毒的物质或对环境造成现实危害或者潜在危害的废弃物。

二、生活垃圾分类投放指南

(一)可回收物(蓝色)(表5-2-1)

表5-2-1 可回收物(蓝色)

可回收物	废纸类	旧报纸、报刊杂志、纸箱、挂历、台历、信封、纸袋、卷纸芯、传单广告纸、包装纸、包装盒等未被沾污的纸类制品
	废塑料类	饮料瓶、矿泉水瓶、洗发水瓶、沐浴瓶、食用油桶、奶瓶、塑料碗盆、泡沫塑料等不含其他杂质的塑料制品
	废玻璃类	玻璃调料瓶、酒瓶、玻璃花瓶、玻璃盘、玻璃杯、门窗玻璃、茶几玻璃、玻璃工艺品、碎玻璃等
	废金属类	易拉罐、金属制奶粉罐、金属制包装盒(罐)、锅、水壶、不锈钢餐具、铁钉、螺丝刀、刀具刀片、废旧电线、金属元件、金属衣架等金属制品
	废织物类	衣物、窗帘等纺织制品
不归入可回收物的种类		胶纸、贴纸、蜡纸、传真纸、沾污的纸张纸盒、纸尿裤、妇女卫生用品、厕所用纸、保鲜膜、胶软管、塑料吸管、污损塑料袋等,按其他垃圾投放

（二）厨余垃圾（绿色）（表 5-2-2）

表 5-2-2 厨余垃圾（绿色）

厨余垃圾	食材废料类	菜梗菜叶、大蒜皮、土豆皮、笋壳、梅干菜等
		面条、米粉、小米、包子、油条、豆制品等
		羊肉、排骨、动物内脏、水产食品（如鱼、虾、蟹、小龙虾等）、鸡蛋、鸭蛋、鹌鹑蛋、皮蛋、蛋壳等
	瓜果皮核类	苹果、粽子叶、糯米鸡叶、榴莲核、花生壳、瓜子壳、杏仁壳、榛子壳等
	剩菜剩饭类	剩菜、碎骨、汤渣、茶叶渣、咖啡渣、中药渣
	宠物饲料类	狗粮、猫粮、鱼食等
	花卉植物类	废弃植物、绿色植物、鲜花、绿叶、中药材等
不归入厨余垃圾的种类		动物筒骨、猪羊牛头骨等大块骨头；榴莲壳、椰子壳、核桃壳、生蚝壳、扇贝壳、河蚌壳、螺蛳壳等，归入其他垃圾类别

（三）其他垃圾（黑色）（表 5-2-3）

表 5-2-3 其他垃圾（黑色）

其他垃圾	污染纸张 受污染与不宜再生利用的纸张类	污损纸张纸盒、胶贴纸、蜡纸、传真纸等
	不宜再生利用的生活用品类	保鲜膜、软胶管、沾污的餐盒、垃圾袋、镜子等有镀层的玻璃制品、尼龙制品、编织袋、旧毛巾、内衣裤、一次性干电池、LED灯、牙签、牙线、猫砂、宠物粪便、烟头、破损鞋类、干燥剂、毛发、创可贴、眼镜等
	骨头硬壳类	动物筒骨头骨、蚌壳、贝壳、螺蛳壳、榴莲壳、椰子壳、核桃壳等

（四）有害垃圾（红色）（表5-2-4）

表5-2-4 有害垃圾（红色）

有害垃圾	废电池类	充电电池、镍镉电池、纽扣电池等
	废灯管类	节能灯、荧光灯管等
	废家用化学品类	药品包装物、油漆及其桶刷、杀虫剂、消毒剂、老鼠药、农药及其包装物、指甲油、摩丝瓶、染发剂、定型发胶、皮鞋油、水银血压计、水银温度计、X光片、相片底片等
不归入有害垃圾的种类		干电池（1号、5号、7号）、LED灯等，按其他垃圾投放。中药材、中药渣、煲过的中药等，按厨余垃圾投放

● **任务实施**

家庭垃圾分类策划活动流程。

一、活动安排

以各小区为单位，分别进行传单的粘贴工作。

筹备工作：

1. 自制20张关于垃圾分类及分类垃圾做法的传单。

2. 自制"可回收""不可回收"垃圾内容的社区宣传单各100张。

二、具体安排

（一）前期宣传

1. 出4张宣传海报及1张展板（家庭垃圾分类的一些照片）。

2. 将"可回收""不可回收"垃圾内容的宣传单贴于小区内垃圾桶上，并放好传单回收箱。

3. 将20张宣传单粘贴于小区公告栏，并注意以发放宣传单、讲解垃圾分类技巧等形式适当宣传。

4. 家庭成员集中学习垃圾分类知识。

（二）垃圾分类计划执行

1. 厨房垃圾分类的做法。

使用不同颜色或不同样式的垃圾桶，一个用来扔果皮、菜叶、残渣等垃圾，另一个用来扔过剩的食物、废弃的熟食等，还可以多放几个，分别扔塑料、纸巾等普通垃圾。可以给垃圾桶上面贴上标签，写上专门放哪种垃圾。

2. 客厅垃圾分类的做法。

客厅作为比较干净的场所，一般情况下会出现的垃圾就是瓜子壳、纸巾、果皮、塑料瓶等，所以建议的分类做法是把塑料瓶和其他垃圾分开，扔进不同的箱子，回收塑料瓶，这样更加环保，也更干净。

客厅应放置带盖垃圾桶，这样能够避免异味，且应每天及时清理垃圾。

3. 卫生间垃圾分类的做法。

卫生间的垃圾比较特殊，一般都是纸巾、废弃牙刷、牙膏盒、卫生巾、洗发水盒子等，所以用两个垃圾箱就够了，一个用来扔废弃的卫生用品盒子，一个用来专门扔便巾。

4. 卧室垃圾分类的做法。

卧室作为睡觉休息的场所，垃圾一般非常少，垃圾分类的做法也较简单，就是做好可回收垃圾与不可回收垃圾的分开处置就好了，两个垃圾箱或垃圾桶即可。

除此之外，建议购买可以垃圾分类的垃圾桶，避免使用多个单独的垃圾桶。

● **任务评价**

1. 养成家庭垃圾分类习惯并拍照分享成果。
2. 讨论家庭垃圾分类技巧。

● **能力拓展**

学习更多家庭垃圾分类小技巧。

项目六
餐厨劳动

赵亚夫：中国草莓之父

1958 年，以优异成绩毕业、爱好文学、想当记者的赵亚夫毫不犹豫地填报了中国人民大学和复旦大学新闻系。不料，因为当时是反右后期，敏感专业不招收应届毕业生，他只能改填志愿。他考虑再三，决心为改变家乡农村的落后面貌作贡献，填报了宜兴农林学院的农机专业。但是因农机专业报考人数少，学院将学生全部转到农学专业。听说农学专业毕业以后要当农民，许多同学以各种各样的理由退学了。毕业时，全班只剩下 17 人，赵亚夫就是其中之一。

1961 年，赵亚夫被分到位于句容农校的镇江地区农科所。在这里，他遇到了毕业于西南联大的优秀老专家任承宪。有了志同道合的恩师指引，赵亚夫不停地在镇江各地农村奔波。他不仅跑片，还蹲点观察、种样板田，在农业科研工作中不断取得成果。

1982 年，赵亚夫被选派到日本研修一年。这一年，他深感中国农业的落后，被日本先进的农业技术震撼。他像海绵吸水一样吸收新技术、新经验。他第一次邂逅草莓、西洋南瓜，认为它们不仅味道好极了，而且经济价值高。他虚心学习种植技术和推广方法，还认真学习日本农业的管理经验，包括农产品的销售模式。回国时，他自费购买的农业科技书装满了 13 个箱子，而他自己的行李只有一个箱子，其中还包括 20 棵草莓苗。

回国以后，赵亚夫被任命为镇江农科所所长。他开始选择一块地试种草莓，把带回的 20 棵草莓苗繁殖出数万株。在句容白兔农村推广草莓种植成功以后，赵亚夫总结了草莓种植大户"一亩田+两只羊"的经验，把草莓叶作为羊饲料，用羊粪做肥料，实现了有机种植，改善了草莓的口感。草莓种植开始在全市农村推广以后，产量增加了，可销售就成了难题。于是，赵亚夫着手研究市场，成立合作社，打造品牌、强化宣传，帮助农民销售。接着，草莓种植技术在全省、全国推广，赵亚夫成了"中国草莓之父"。

任务一　饮食文化与健康

● 学习目标

1. 了解中国的饮食文化。
2. 熟悉饮食健康注意事项。
3. 树立健康饮食与生活的意识。
4. 树立劳动意识。

● 学习任务

在学习中国饮食文化，掌握健康饮食常识后，能在日常生活中向别人熟练介绍中国饮食文化和饮食健康知识，养成良好的饮食习惯。

● 任务导入

"民以食为天"，中国被冠以"烹饪王国"的美称，其饮食文化源远流长、闻名世界。中国烹饪是中华民族在生产生活探索中凝聚的各族人民的劳动成果和智慧结晶。作为一名合格的"干饭人"，了解中国饮食文化并掌握健康饮食常识，既能丰富自身的知识储备，又能养成健康饮食习惯，还能助力弘扬民族文化。

● 任务准备

1. 每位学生准备介绍自己家乡的饮食文化。
2. 每位学生分享自己所知道的健康饮食方法。

● 知识窗

一日三餐

● **知识储备**

在中国传统文化教育中的阴阳五行哲学思想、道家自然观念、儒家伦理道德观念，还有文化艺术成就、饮食审美风尚、民族性格特征诸多因素的影响下，中华民族创造出彪炳史册的烹饪技艺，形成博大精深的中国饮食文化。

一、中国八大菜系

中国的饮食文化源远流长，一个菜系的形成和它的悠久历史与独到的烹饪特色是分不开的。同时，还会受到这个地区的自然地理、气候条件、资源特产、饮食习惯等影响。地方风味形成因素有社会因素、自然因素和厨师因素。我国历史形成并为世界认可的八大菜系是：

（一）长江上游的川菜

四川烹饪文化历史悠久。考古资料证实，早在商周时期巴蜀地区已有多样烹饪品种。四川金沙遗址及广汉三星堆遗址的发掘提供了充分的证明。

川菜享有"一菜一格，百菜百味"的美誉，由成都菜、重庆菜、自贡菜和具有悠久历史传统的素食佛斋菜组成。其风味菜系由宴席菜、便餐菜、家常菜、三蒸九扣菜、风味小吃等五大类构成。

风味特色：烹调方法擅长小煎小炒，干煸干烧；善用辣椒、花椒调味；家常风味以麻、辣、香著称。

代表名菜：樟茶鸭子、麻婆豆腐、宫保鸡丁、辣子鸡丁（图 6-1-1）、毛肚火锅、鱼香肉丝、干煸牛肉丝、干烧岩鲤、水煮牛肉、开水白菜。

图 6-1-1　辣子鸡丁

（二）黄河流域的鲁菜

山东素以"齐鲁之邦"著称，是中国古文化的发祥地之一。孔子曾提出"食不厌精，脍不厌细"的饮食观。

鲁菜由内陆的济南菜和沿海的胶东菜组成。

风味特色：用料广泛，选料讲究；刀工精细，调和得当、工于火候、精于制汤；烹调技法全面，以烹制海鲜见长；善用葱香调味。

代表名菜：清汤燕菜、红烧海螺、九转大肠、葱烧海参(图6-1-2)。

图6-1-2 葱烧海参

(三)长江下游的苏菜(淮扬菜)

苏菜由今淮扬(淮安、扬州)、金陵(南京)、苏锡(苏州、无锡)、徐海(徐州、连云港)等四大地方风味组成。

其菜式风味体系由船宴和船点、素食斋宴菜、全席菜组成。

风味特色：因料施艺，不拘一格；刀工精细，重视火候；菜品口味清鲜，突出原料本味；荤素组合，合理配料，咸甜醇正。

代表名菜：南京盐水鸭、鸡汁煮干丝、清炖蟹粉狮子头(图6-1-3)、水晶肴蹄等。

图6-1-3 清炖蟹粉狮子头

(四)珠江流域的粤菜

岭南是我国古代文化的发祥地之一。广东地区饮食文化在新石器时代前已具雏形。

粤菜以其独特的风格赢得"食在广州"之誉，讲究内外结合，中西结合。粤菜由广州菜、潮州菜、东江菜组成，以广州菜为代表。

风味特色：用料广博奇异，飞禽走兽、山珍海味、奇花异果皆可上桌；菜肴口味讲究四季有别，具有浓厚的南国风味；在烹调上要求做到清而不淡，鲜而不俗，嫩而不生，油而不腻；善于吸收中外烹饪技法之精华，自成一格。

（五）湖南菜

湖南菜又名湘菜，湘菜主要由湘江流域、洞庭湖区、湘西山区三大流派组成。

风味特色：湘江流域以长沙菜为代表，注重刀工火候，常用煨、炖、腊等技法。洞庭湖区以烹制家禽、野味、河鲜见长，色重、芡大、油厚。湘西山区擅长制作山珍野味、烟熏腊肉和各种腌肉，口味咸香带辣。

代表名菜：剁椒鱼头、辣椒炒肉、冰糖湘莲、腊味合蒸、东安鸡（图6-1-4）。

图 6-1-4　东安鸡

（六）浙江菜

浙江菜简称浙菜，由杭州菜、宁波菜和绍兴菜组成，以杭州菜为主。

风味特色：用料精细、独特、鲜嫩，注重火候。

代表名菜：龙井虾仁、西湖醋鱼（图6-1-5）、蜜汁火方。

图 6-1-5　西湖醋鱼

(七)福建菜

福建菜又名"闽菜",由福州、闽南、闽西三种地方菜组成,以福州菜为代表。

风味特色:用料以海鲜居多,汤菜考究,形成"无汤不行""一汤十变"的传统,善用红糟、虾油等调味品。

代表名菜:佛跳墙(图6-1-6)、淡糟香螺片、鸡汤海蚌。

图6-1-6　佛跳墙

(八)安徽菜

安徽菜又名徽菜,由皖南菜(以徽州菜为代表)、沿江菜、沿淮菜组成。

风味特色:擅长烹制山珍野味,精于烧、炖、烟熏,菜肴重油,重酱色,重火功。

代表名菜:无为熏鸡、奶汁肥王鱼、火腿炖甲鱼、清蒸石鸡等。

四、中国饮食文化与药食同源

(一)药食同源

"药食同源"指的是许多食物也是药物,它们之间并无绝对的分界线。古代医学家将中药的"四性""五味"理论运用到食物之中,认为每种食物也具有"四性""五味"。随着经验的积累,药食才开始分化。在学会使用火后,人们开始食熟食,烹调加工技术才逐渐发展起来。在食与药开始分化的同时,食疗与药疗也逐渐区分。中国中医学自古以来就有"药食同源"(又称为"医食同源")理论。

既可做食品又可入药的物品名单:甘草、丁香、八角茴香、白芷、刀豆、小茴香、山药、山楂、决明子、马齿苋、乌梅、木瓜、玉竹、白果、白扁豆、龙眼肉(桂圆)、百合、枣(大枣、酸枣、黑枣)、肉豆蔻、肉桂、余甘子、佛手、杏仁(甜、苦)、沙棘、牡蛎、芡实、橘红、桔梗、花椒、赤小豆、阿胶、鸡内金、麦芽、罗汉果、金银花、橘皮、鱼腥草、姜(生姜、干姜)、枸杞子、栀子、砂仁、胖大海、茯苓、桃仁、桑叶、桑葚、益智仁、荷叶、莲子、淡竹叶、菊花、紫苏、葛根、鲜白茅根、鲜芦根、黑芝麻、黑胡椒、槐花、蒲公英、蜂蜜、酸枣仁、薄荷、覆盆子、藿香。

（二）饮食与健康

吃是生命活动的表现，是健康长寿的保证，"安谷则昌，绝谷则亡"；只有足食，才能乐业，"安民之本，必资于食"。因此，饮食不仅维系着个体的生命，而且关系到种族的延续、国家的昌盛、社会的繁荣、人类的文明。如果说，过去由于穷困，人们不得温饱，营养不良，那么，在今天，人们生活水平显著提高，绝大多数人衣温食饱，虽然营养不良状况有了很大改善，但是营养不均衡的问题却日益突出。明代大医药学家李时珍曾说过："饮食者，人之命脉也。"这是千真万确的。养生，必须首先从饮食做起，真正懂得吃的科学和方法。

营养学研究发现，维持人类生命健康至少需要42种营养素。其中包括各种蛋白质、脂肪、糖类、纤维素、维生素、无机盐和水七大营养素，因此我们应做到膳食多样化，养成一个健康的饮食习惯。按照中国目前的国情，我们还应保持传统的以谷类食物为主、蔬菜水果为辅的饮食习惯，适当增加豆类、动物性食品，尤其是增加乳制品的摄入量。由于各类食物所含能量不同，因此除了保持饮食品种均衡之外，还要注意各类食物摄取的分量，以便获得足够的能量供应机体所需。

1. 饮食健康四大原则：

①民以食为天。

②合理膳食就是科学膳食。

③合理膳食的精髓是科学。

④建立良好的饮食习惯。

2. 饮食的注意事项：

①适时补充维生素。

②在外就餐要注意健康。

③提防糖尿病和高胆固醇。

④避免来自大自然的威胁。

3. 饮食健康的好习惯：

①多吃"好油"。

②摄取优质蛋白质。

③慎选优质淀粉。

④戒掉"坏零食"。

⑤每天吃新鲜蔬果。

⑥戒除"甜品瘾""奶茶瘾"。

⑦尽量选用有机食物。

营养搭配基本原则：

①食物种类要多样化。

②饥饱要适当。

③油脂要适量。

④粗细要搭配。

⑤食盐要限量。

⑥甜食要少吃。

⑦饮酒要限量。

⑧三餐要合理。

任务实施

一、剁椒鱼头

材料：花鲢鱼头/雄鱼头1个，剁椒3~4汤勺，豆豉1汤匙，小葱，蒜末，姜末，鸡粉少许，料酒，盐，蒸鱼豉油，植物油（最好是茶油）少许。

做法：

①鱼头收拾干净，从鱼唇正中一分为二，背部相连，均匀抹上少量盐、料酒，腌10 min左右。

②姜、蒜切末，葱切小环状；豆豉泡水稍洗后沥干备用，剁椒备用。

③炒锅上火加少量油，爆香姜蒜末，加入豆豉，炒香后离火。

④将3~4汤匙剁椒拌入其中，再加入少许鸡粉提鲜，全部拌匀。

⑤盘子底部加少许葱段、姜片，放入鱼头，将拌好的剁椒铺在鱼头表面。

⑥蒸锅中加水烧开，放入剁椒鱼头，大火蒸制10 min。

⑦出锅后撒上香葱末、淋上适量蒸鱼豉油，最后烧1勺热油浇在上面即可（图6-1-7）。

图6-1-7 剁椒鱼头

二、猪肚汤

材料：猪肚适量、排骨适量、番薯粉适量、龙眼10粒、红枣10颗、姜2片、党参1条、胡椒粉适量、枸杞少许。

做法：

①用番薯粉揉搓猪肚，用清水反复清洗，直至干净。

②洗完外面要翻面洗，去除里面的膜和油脂，用盐搓洗（可杀菌），盐不可太多，以免太咸。

小贴士：

1. 鱼头的蒸制时间要看材料的大小灵活掌握。

2. 剁椒本身已经有咸味，最后又加入了蒸鱼豉油，所以除了开始腌制时的少量盐外，不需要另外加盐。

③处理干净后要冷水下锅。

④把猪肚煮一下，再用来煲汤。

⑤煮好的猪肚切丝。

⑥龙眼 10 粒、红枣 10 颗、姜 2 片、党参 1 条、胡椒粉适量、枸杞少许（快煲好后放入）。

⑦加入排骨。

⑧煲 3 h 左右即可加盐调味（图 6-1-8）。

图 6-1-8　猪肚汤

● 任务评价

1. 根据家人的身体情况制订个性化药膳单，完成一次药膳汤作品，并拍照分享成果。

2. 讨论药膳搭配小技巧。

● 能力拓展

学习药膳制作小技巧之中医教你制作药膳茶"健脾祛湿"的视频。

任务二　面点的制作

● 学习目标

1. 掌握面点(馒头、包子、饺子、面包等)制作技巧。

2. 树立健康饮食与生活的意识。

3. 树立劳动意识。

● **学习任务**

在熟悉中国饮食文化、了解简单面点的制作方法后,能利用假期在家为家人精心烹制几道美食以抚慰家人心灵。

● **任务导入**

"唯美食与爱不可辜负"。当代社会,随着快餐文化的迅速发展,越来越多的年轻人依赖外卖,养成了不良的饮食习惯,给自己的身心带来不好的影响。其实,掌握一两道美食的制作方法并不难,学会烹饪,既是一种生活方式,也可温暖身边人。让我们行动起来吧!

● **任务准备**

1. 厨具、炊具准备。
2. 食材准备。

● **知识储备**

一、中国面点发展史

(一)原始社会末期

种植五谷,用杵臼(图6-2-1)、石磨盘等工具使谷物破碎并取粉,开辟了从粒食到粉食的新阶段。这一时期出现的面食有"糗""饵""糒""酏食""糁"等。

图6-2-1　杵臼

(二)秦汉时期

这一时期面点制作开始作坊化、专业化,工艺技术有了提高。

1. 原料加工方面:已能运用不同规格的粉筛使面粉更加精细、均匀。
2. 成型方面:有了模具。

3.成熟方面：因蒸笼、铛、烤炉的改进使成熟方法多样化。

4.发酵方法开始普遍使用。

5.佛教素食点心及民间时令点心兴起(图6-2-2)。

图6-2-2　佛教素食点心

(三)唐宋时期

这一时期出现了前店后厂的生产销售模式，各地特色点心云集京城。有了北食店、南食店、川饭店、素菜馆等，出现了早期的面点流派。图6-2-3所示为唐朝宫廷点心。

图6-2-3　唐朝宫廷点心

(四)元代以后

这一时期少数民族面点发展较快，如蒙古族的肉饼、朝鲜族的打糕、满族的萨其马、藏族的糌粑、白族的米线、回族的清真食品等。

（五）明清时期

这一时期面点制作技术已经全面发展，民间小吃、点心不断被选入宫中，成为内造宫廷御点，选料及工艺更为优化。

1. 制法、馅心：用澄面制作面点，发酵面、油酥面的制法更趋复杂精细。馅心荤、素、咸、甜样样俱全。

2. 成型方面：有擀、切、搓、抻、包、捏、卷、模压、刀削等十几种。

3. 成熟方法：除蒸、煮、煎、炸、烤、烙、炒等外，还综合使用两种以上的复加热法。

4. 各地特色品种很多，中国面点的风味流派基本形成。

5. 中国节日面点品种基本定型。

6. 关于面点的著作更加丰富。

二、中国传统面点分类

（一）按原料分类

分为麦类制品、米类制品、杂粮制品。

（二）按形态分类

分为糕、饼、团、包、条、饺、酥饭、粥、羹、冻等。

（三）按熟制方法分类

分为蒸、煮、煎、炸、烤、烙、综合熟制法等。

（四）按馅心分类

分为荤馅、素馅、荤素馅。

（五）按口味分类

分为本味、单独味、混合味。

三、中国传统面点的制作流程

图 6-2-4 所示为中国传统面点制作流程图。

配料 ⟶ 和面 ⟶ 搓条 ⟶ 下剂 ⟶ 制皮 ⟶ 上馅 ⟶ 成型 ⟶ 成熟

图 6-2-4　中国传统面点制作流程图

四、一年四季的膳食特点

春季（春温）膳食特点：春季气温由寒转暖，人应适应季节，调养生气，使机体与外界协调统一。在饮食上应由膏粱厚味转为清温平淡。主食可多选用大米、小米、红小豆等；而牛肉、羊肉、鸡肉等食品不宜过多食用。应多选择各种绿叶蔬菜，以补充维生素的不足。另外，应少吃高脂肪的食物及刺激性强的辛辣食物，更不要喝浓度高的烈性酒。

夏季（夏热）膳食特点：夏季天气炎热，胃纳功能差，加之出汗较多，膳食应清淡可口，并注意补充液体，增进食欲，在饭菜的色、香、味上多下功夫，少吃油腻食物，多选择瘦肉、鱼类、豆类、咸蛋、酸奶等食物，以补充蛋白质；同时可多吃些绿豆、新鲜蔬菜，如茄果类、豆类、瓜类。烹调时以食物不油腻、易消化为原则，多做些凉面、凉菜、粥类、汤类饮食，还可选择一些清热解暑的食品。

秋季(秋凉)膳食特点：秋季天高气爽，由热转凉，宜食生津食品，膳食应有足够热能。秋季人的消化能力逐渐提高，食欲增强，各种动物肉肥味美，蔬菜瓜果种类全。在膳食调配上，只要注意品种的多样化，使各种食物比例适当，就可以了。在调味品上，可适当选用辛辣品，但是，要注意不要吃过于生冷的食物，要注意饮食卫生。

冬季(冬寒)膳食特点：冬季气候寒冷，膳食应有充足的热能，以抵御严寒。冬季是进补的佳季，可多吃些热性食物，如牛肉、羊肉、枣、桂圆、板栗等，还可增加一些厚味食品，但不能过量；否则，会使血脂升高和使血液偏于酸性，对身体不利。另外，冬季蔬菜品种少，应特别注意吃绿叶蔬菜、豆芽、萝卜等，以补充维生素的不足，调味品可多选用一些辛辣食物。

● **任务实施**

一、辣椒炒肉

材料：猪肉(后臀尖)200 g，红尖椒20 g，青尖椒30 g，蒜苗20 g，食盐1小匙，酱油1小匙，鸡精少许，料酒2小匙，白糖1/2小匙，植物油1大匙。

做法：

①准备好所需食材。

②把猪后臀肉洗净，除去表皮的残毛，切成薄片，青红尖椒斜切成圈，蒜苗斜切成片。

③把锅烧热，放少量的油，下入猪肉，大火快速炒至肉片出油，呈灯盏窝状。

④下入料酒炒匀。

⑤然后放入酱油炒匀上色。

⑥再放入青红椒炒匀。

⑦放入盐、鸡精、白糖炒匀。

⑧最后下入蒜苗炒匀即可(图6-2-5)。

小贴士：

1. 清洗带皮的猪肉时要将猪皮上的残毛刮洗干净。

2. 猪后臀肉也可用五花肉来代替。

3. 肉片要尽量切得薄一些，可将肉放入冰箱中冷冻一会儿至稍硬一些再切，即可切出较薄的肉片了。

4. 放入蒜苗后翻炒几下就可以了，不要炒得太久，以保持蒜苗的清香。

图 6-2-5 辣椒炒肉

二、葱油蛋卷

材料：面粉 3 汤勺，蛋 2 个，火腿肠 1 根，色拉油，盐，葱。

做法：

①将火腿肠、葱切成丁备用。

②取 3 勺面粉放到大汤碗里，加入适量的盐和蛋清，充分搅拌。

③把一碗冷水分两次加入面糊中并充分搅拌。

④加入切好的火腿肠和葱丁，搅拌均匀。

⑤把两只蛋黄打散后在平底锅中煎好，切成条备用。

⑥在平底锅中加入少量油，烧热后改成文火，倒入适量搅拌好的面糊，烤成薄薄的面皮。

⑦把蛋黄条卷在面皮中，用斜切和横切的刀法切好装盘。

⑧用挖球器挖出若干火龙果肉点缀(图 6-2-6)。

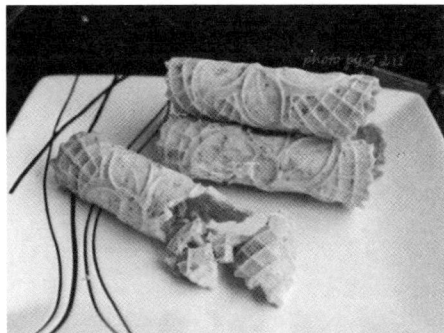

图 6-2-6 葱油蛋卷

三、南瓜饼

材料：南瓜，火腿肉，胡萝卜，面粉，色拉油，盐，鸡精，葱。

做法：

①将南瓜、火腿肉、胡萝卜洗净切成细丝待用。

②色拉油倒入锅中至七成热后倒入胡萝卜丝，煸几下后再倒入南瓜、火腿肉丝，炒至八成熟后加盐、鸡精继续翻炒，装盘待用。

③把炒熟的馅料拌入面粉中，加适量水和葱花搅拌成糊。

④在平底锅中加适量色拉油，舀一勺面粉糊到油锅中，等底部成形后翻面，用铲子压扁，煎至两面金黄即可装盘(图6-2-7)。

图6-2-7　南瓜饼

● **任务评价**

1. 完成一道面点的制作并拍照分享成果。

2. 讨论面点制作小技巧。

● **能力拓展**

观看美食制作小技巧之没有芝士的"芝士蛋糕"的视频。

项目七
手工制作

吴运铎：为国铸剑，虽九死其犹未悔

说到我军的兵工事业，就不能不提一位传奇的兵工专家——吴运铎，他被誉为"中国的保尔·柯察金"。1917 年，吴运铎出生在江西省萍乡市安源煤矿，自幼家境贫寒。因煤矿机器设备众多，他少年时便对机械产生了浓厚的兴趣，并执着地钻研起机器运转的原理来。

抗战爆发后，吴运铎认识到"要翻身、要解放、要光明，就只有跟着共产党走"。1938 年 9 月，吴运铎毅然参加了新四军，因其熟悉机械，被分配到修械所工作。由于他头脑灵活、思维敏捷，在短时间内便学会了修理各种枪支和制造各种步枪零件。

1939 年，军部决定要建立新四军的第一座兵工厂。在物资极其匮乏的战争年代，兵工厂条件简陋的程度是常人难以想象的。但吴运铎坚定地认为："只要有党的领导，发扬我们党的革命传统——自力更生，奋发图强，我们就一定能取得胜利。"没有图纸，他就自己画，并精心打造每一个零件；没有火药，他就"把红头火柴的头刮下来，用酒精泡开，制成火药；酒精没了，就用老烧酒蒸馏后制造出土酒精。火柴头做的火药，爆炸力太强，就掺入锅灰，配成适用的火药"。不到 3 个月，吴运铎就设计制造出了新枪支，创造了新四军造枪的纪录。抗战时期，吴运铎带领兵工厂的战友们还制造出了不少新的杀伤性武器，如地雷、枪榴弹和平射炮等。

每一种武器研制成功的背后，都与吴运铎的巨大付出和牺牲是分不开的。在一穷二白的情况下，在残酷的战争环境中，他为了研发各类枪弹，

一生多次负伤，4 根手指被炸断、左眼被炸瞎、一条腿被炸断，身上还留下大大小小无数伤疤，体内留有几十块弹片……

然而，为国铸剑是吴运铎毕生的追求，"虽九死其犹未悔"。他说："只要我活着一天，我一定为党为人民工作一天。"新中国成立后，他把自己的经历写成小说《把一切献给党》，引起了广泛、强烈的反响。2009 年，吴运铎被评为 100 位为新中国成立作出突出贡献的英雄模范之一。

任务一　手工技艺的分类及特征

● 学习目标

1. 熟悉手工技艺的分类。
2. 了解不同手工技艺的特征。
3. 树立热爱生活、热爱劳动的意识。

● 学习任务

熟悉中国传统手工艺的分类及特征后，能熟练地向他人介绍中国传统手工艺种类、特点及制作流程。

● 任务导入

当代社会中，手工艺不再只是一种兴趣，而成了一种休闲文化，越来越多的人开始学习手工技艺。学习手工技艺不仅有利于传承工艺文化与工艺精神、培育和弘扬工匠精神，还能满足广大人民群众的审美文化需求，让普通百姓感受独特的思想文化魅力。作为新时代的大学生，我们更应以新的方式弘扬传统工艺包含的思想文化精神，涵养文化生态，滋养当下的文化建设。

● 任务准备

1. 分享自己收藏的手工作品或图片。
2. 分享自己喜欢的手工艺人的故事。

● 知识储备

一、手工艺制品的分类

我国民间手工技艺有着光彩夺目的成就和显赫的历史地位，在漫长的历史进程中，它显示出强大的生命力和绚丽多姿的形态。在 21 世纪中国向工业化国家迈进的今天，民间手工技艺仍有其广阔的生存空间。

民间手工技艺是物质与精神的统一体，是本土艺术形式与传统工艺相融汇的结晶，是人文内涵丰富的历史印迹。民间手工技艺是存在于最下层的、最广泛的民间艺术和民间文化的一种表现形态，是普通劳动群众在漫长的历史过程和习常的民俗生活中创造、应用并与生活相融的形式。民间手工技艺包括民间绘画、民间雕塑、民间服饰、民间建筑、民间工艺、民间器具等各种技艺手段。各种民俗功能的范畴和形态，大都以一定的民俗生活为基础，不仅与民俗生活相结合，还与其他民间艺术相配合，是同一民俗事象的不同构成。

手工技术里的手工艺的分类方法不一，大致分类情况如表7-1-1所示。

表 7-1-1 手工艺的分类方法

从创造和制作方式上看	从民俗形态上看	从材料材质上看	从创作手段技法上看	从题材内容看
自娱性的 副业性的 职业性的 作坊性的	生产生活类 节日礼俗类 居住建造类 仪式表演类	土木泥石类 木棉麻锦类 纸皮铁铜类 丝陶瓷玉类	雕塑雕刻类 画绘剪镂类 印染织绣类 建筑制作类 工艺器具类	民间神祇类 吉祥物类 年画风筝类 家具用具类 服饰民居类 木偶皮影类 游戏游艺类

二、手工艺制品的特点

中华民族世代生息的土地之辽阔，山川地貌之多姿，地理资源之丰富，经济生产生活方式之多样而稳定，使中国民间手工技艺无比灿烂，无以计数。它在我国劳动人民社会生活中发生、发展，流传了几千年；它存在于劳动群众生活的衣、食、住、行、用各方面，其品种浩繁、寓意深刻、内涵深厚，是我国传统文化精髓之一。

传统手工艺的特点是和谐性、象征性、灵动性、天趣性、工巧性。中国传统手工艺有很多，比如木刻工艺桦皮工艺、漆器工艺、兽皮工艺、砚石工艺、竹编工艺。

手工艺品，俗称"民间手工艺品"，是指民间的劳动人民为适应生活需要和审美要求，就地取材，以手工生产为主的一种工艺美术品。

（一）和谐性

中国传统艺术思想重视人与物、用与美、文与质、形与神、心与手、材与艺等因素相互间的关系，主张"和"与"宜"。对"和""宜"之理想境界的追求，使中国工艺美术呈现出高度的和谐性。

（二）象征性

中国工艺思想历来重视造物在伦理道德上的感化作用，它强调物用的感官愉快与审美情感满足的联系，而且同时要求这种联系符合伦理道德规范。受制于强烈的伦理意识，中国传统工艺造物通常含有特定的寓意，往往借助造型、体量、尺度、色彩或纹饰象征性地喻示伦理道德观念。

（三）灵动性

中国传统工艺思想主张心物的统一，要求"得心应手""质则人身，文象阴阳"，使主体人的"生命性灵"在造物上获得充分的体现。中国传统工艺造物一直在造型和装饰上保持着"s"形的结构范式，这种结构范式富有生命的韵律和循环不息的运动感，使中国工艺造物在规范严整中又显变化活跃、疏朗空灵。

（四）天趣性

中国传统工艺思想重视工艺材料的自然品质，主张"理材""因材施艺"，要求"相物而赋形，范质而施采"。中国传统工艺美术在造型或装饰上总是尊重材料的自然特性，充分利用或显露材料的天生丽质。

（五）工巧性

对工艺加工技术的讲究和重视是中国工艺美术的一贯传统。丰富的造物实践使工匠注意到工巧所产生的审美效应，并有意识地在两种不同的趣味指向上追求工巧的审美理想境界：去刻意雕琢之迹的浑然天成之工巧性和尽情微穷奇绝之雕镂画绩的工巧性。

三、我国代表性传统手工艺制品

中国传统手工艺门类繁多，精巧美观，历史悠久而灿烂，蕴含着丰富的民族文化价值、思想智慧和实践经验，在整个中国文化艺术的发展过程中占有重要的历史地位，是中华民族宝贵的财富。

（一）陶瓷

陶瓷，是陶器与瓷器的统称，同时也是我国的一种工艺美术品，其以陶土和瓷土为原料，经配料、成型等流程制成。我国传统的陶瓷工艺美术品，质高形美，具有高度的艺术价值，闻名于世界。

（二）刺绣

刺绣，古代称之为针绣，是用绣针引彩线，将设计的花纹在纺织品上刺绣运针，以绣迹构成花纹图案的一种工艺。刺绣是中国民间传统手工艺之一，在中国至少有两三千年历史。刺绣在国外也享有很高的声誉。在外国人眼里，刺绣是中国文化艺术的代表之一。

（三）中国结

中国结是中国特有的手工编织工艺品，它所显示的精致与智慧是中华古老文明中的一个侧面。它是由旧石器时代的缝衣打结，后推展至汉朝的仪礼记事，再演变成今日的装饰手艺。中国结代表着团结、幸福、平安，特别是在民间，它精致的做工深受大众的喜爱。

（四）玉雕

玉雕是中国最古老的雕刻品种之一。玉石经加工雕琢成为精美的工艺品，称为玉雕。玉雕工艺是一门相对复杂的手工技艺。工艺师在制作过程中，根据不同玉料的天然颜色和自然形状，经过精心设计、反复琢磨，才能把玉石雕制成精美的工艺品。中国的玉雕作品在世界上享有很高的声誉。

（五）木雕

木雕是雕塑的一种，在我们国家常常被称为"民间工艺"。中国的木雕艺术起源于新石器时期。距今七千多年前的浙江余姚河姆渡文化，已出现木雕鱼；到了唐代，木雕工艺更是达到了发展的巅峰。

（六）琉璃

琉璃，其色彩流云漓彩，品质晶莹剔透、光彩夺目。中国古代最初制作琉璃的材料，是从青铜器铸造时产生的副产品中获得的，经过提炼加工后制成琉璃。琉璃在古时候属于皇室专用，民间流传的琉璃制造技法非常少，所以当时人们把琉璃甚至看得比玉器还要珍贵。

（七）景泰蓝

景泰蓝又称"铜胎掐丝珐琅"，是我国最为著名的传统工艺，因其在明朝景泰年间盛行，制作技艺比较成熟，使用的珐琅釉多以蓝色为主，故而得名"景泰蓝"。它的制作工艺精细复杂，需要经过设计、制胎、掐丝、点蓝、烧蓝、磨活、镀金等10余道工序才能完成。景泰蓝是我国最传统的出口工艺品之一。

（八）剪纸

中国剪纸是一种用剪刀或刻刀在纸上剪刻花纹，用于装点生活或配合其他民俗活动的民间艺术。中国最早的剪纸作品是北朝时期的五幅团花剪纸。到了唐代，剪纸处于大发展时期；南宋时期更是出现了以剪纸为职业的行业艺人。它充实于各种民俗活动中，是中国民间历史文化内涵最为丰富的艺术形态之一。

（九）髹漆

髹漆，谓以漆涂物。现知最早的漆器是河姆渡遗址中发现的木胎朱漆碗。髹漆工艺是中国人的发明，是漆器制作的主要工序，具有多元性。从涂漆到彩绘，从粘贴到镶嵌，从针刻文字到款彩，从堆漆到雕漆，变着皆为器物髹漆技法。我国髹漆工艺经过几千年的发展和成就，对全世界的漆器工艺都产生了影响。

（十）竹编

传统竹编工艺有着悠久的历史，凝聚着中华民族劳动人民辛勤劳作的结晶。竹编最早出现在新石器时期，那时人们为了将剩余的食物存放起来，就将植物的枝条编成篮、筐等器皿；到了明清时期，竹编工艺得到了全面发展。如今，竹编不仅具有实用价值，还富有很强的观赏性。

● **任务实施**

窗花剪纸

剪纸艺术是中国流传很广的装饰手工，是民间艺术中的瑰宝。中国老百姓在新年或者结婚等各种喜庆的日子里，将各式各样寓意不同、美观的窗花剪纸粘贴到窗户、墙壁上，以表达对生活的美好愿望。下面我们来完成一个简单的窗花剪纸作品，步骤如下：

①准备一张正方形红纸。

②对折再对折。

③第三次对折。

④第四次对折。

⑤如图，用笔画出要剪的形状，用剪刀沿着画出来的图形剪。

⑥剪好后的效果。

将剪好的窗花打开，效果如图7-1-1所示，好似鲜花怒放。

这样简单而又漂亮的窗花，你心动了吗？赶紧行动起来吧！

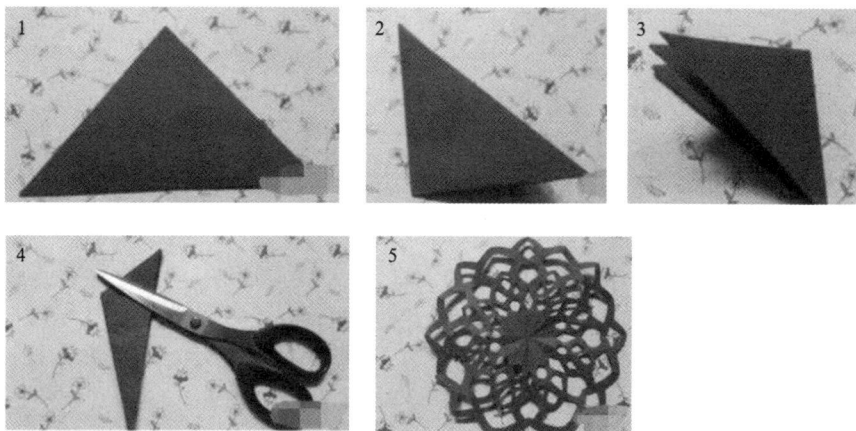

图7-1-1 剪窗花

● **任务评价**

1.学习并了解中国传统手工技艺的种类及特点，在课上分享心得体会。

2.讨论手工技艺作品制作小技巧。

● **能力拓展**

观看剪纸小技巧之非遗剪纸喜字"一心一意"的剪法的视频。

任务二　典型手工艺品制作

学习目标

1. 熟悉民间刺绣、陶瓷的制作过程。
2. 了解手工陶艺的制作方法。
3. 掌握日常编织的技巧。
4. 能够制作常见手工艺品。
5. 树立劳动创造美的意识。

学习任务

在掌握中国传统手工艺的分类及特征后,进行劳动实践,选择自己喜好的手工艺进行创作,能制作出一份完整的手工作品。

任务导入

在古代社会,手工艺是人们衣、食、住、行等必备的技能,是一种重要的生产力。在现代社会,随着社会的发展、人们知识的不断深入和丰富,现代化技术和工业化生产方式带来的巨大生产效率使得低效的传统手工艺一度失去了原有的生产意义。手工艺鲜明的文化特质与审美情趣赋予其独特的存在意义,因而世界各国已经逐渐加大对自己本国的非文化遗产的保护,手工艺的制作就是其中之一。在中国,我们呼吁社会传承的工匠精神就来源于手工艺行业,指的是手工艺匠人在工作过程中对技术精益求精,对工作的要求很高,在手工艺上不断取得进步。学习掌握一门手工技艺,既可以培养动手动脑能力,且有益于传统文化的传承。

任务准备

1. 手工制作原材料准备。
2. 手工作品样品准备。

知识窗

中国特色剪纸

● **知识储备**

一、刺绣

(一)刺绣简介

刺绣是中国古老的手工技艺之一。中国的手工刺绣工艺,已经有两千多年历史。

刺绣的工艺要求"顺、齐、平、匀、洁"。顺是指直线挺直,曲线圆顺;齐是指针迹整齐,边缘无参差现象;平是指手势准确,绣面平服,丝缕不歪斜;匀是指针距一致,不露底,不重叠;洁是指绣面光洁,无墨迹等污渍。

(二)刺绣历史

中国刺绣的起源很早。相传"舜令禹刺五彩绣",刺绣在夏、商、周三代和秦汉时期得到发展。早期的刺绣遗物显示:周代尚属简单粗糙,战国渐趋工致精美。湖北一号战国楚墓出土的绣品,有对凤纹绣、对龙纹绣、飞凤纹绣、龙凤虎纹绣单衣(图7-2-1)等,这标志着此时的刺绣工艺已发展到相当成熟阶段。这些绣品在图案的结构上非常严谨,有明确的几何布局,大量运用了花草纹、鸟纹、龙纹、兽纹,并且浪漫地将动植物形象结合在一起,手法上写实与抽象并用,穿插蟠叠,刺绣形象细长清晰,留白较多,体现了春秋战国时期刺绣纹样的重要特征。

图7-2-1　龙凤虎纹绣单衣

汉代时,刺绣(图7-2-2)开始展露艺术之美。因为经济繁荣,百业兴盛,丝织造业尤为发达;又因当时社会富豪崛起,形成新消费阶层,刺绣供需应运而兴，不仅成为民间流行的服饰元素，而且手工刺绣制作也迈向专业化，技艺突飞猛进。从出土实物看，汉代刺绣绣工精巧，图案多样，呈现繁美缛丽的景象。

图 7-2-2　汉代刺绣作品

唐代刺绣应用很广，针法也有新的发展。刺绣一般用作服饰用品的装饰，做工精巧，色彩华美（图 7-2-3），在唐代的文献和诗文中都有所反映。如李白诗"翡翠黄金缕，绣成歌舞衣"、白居易诗"红楼富家女，金缕绣罗襦"等，都是对刺绣的咏颂。唐代的刺绣除了作为服饰用品外，还用于绣作佛经和佛像，为宗教服务。唐代刺绣的针法，除了运用战国以来传统的辫绣外，还采用了平绣、打点绣、纭裥绣等多种针法。纭裥绣又称退晕绣，即现代所称的戗针绣。它可以表现出具有深浅变化的不同的色阶，使描写的对象色彩富丽堂皇，具有很好的装饰效果。

图 7-2-3　唐代簪花仕女图刺绣

　　宋代是中国手工刺绣的巅峰时期，无论是产品的质还是量，均属空前，特别是在开创纯审美的艺术绣方面。宋代手工刺绣发达，是由于当时朝廷奖励提倡之故。据《宋史·职官志》载，"宫中文绣院掌纂绣"。徽宗年间又设绣画专科，使绣画分为山水、楼阁、人物、花鸟四类，因而名绣工相继辈出，使绣画发展进入巅峰时期，并由实用进而转为艺术欣赏，将书画带入手工刺绣之中，形成独特之观赏性绣作。朝廷的提倡，使原有的手工刺绣工艺有了几个方面显著的提高：①"平针绣"法富变化，出现许多新针法；②改良工具和材料，使用精制钢针和发细丝线；③结合书画艺术，以名人作品为题材，追求绣画趣致和境界。为使作品达到书画之传神意境，绣前需先有计划，绣时需度其形势，乃趋于精巧。构图必须简单化，纹样的取舍留白非常重要，这与唐代无论有无图案均满地施绣截然不同（图7-2-4）。

图7-2-4　宋代刺绣作品

　　元代刺绣的观赏性虽远不及宋代，但也继承了宋代写实的绣理风格。与其他朝代不同的是，元世祖忽必烈为了否定儒家的独尊地位，推崇藏传佛教，因此元代刺绣除了作一般的服饰点缀外，更多的则带有浓厚的宗教色彩，被用于制作佛像、经卷、幡幢、僧帽。以西藏布达拉宫保存的元代刺绣"密集金刚像"为代表（图7-2-5），具有强烈的装饰风格。

　　明代是中国手工艺极度发达的时代，承继宋代优良刺绣的基础，顺应时代风气，继续蓬勃发展，且更上一层楼（图7-2-6）。

　　明代刺绣工艺也表现了多项特色：

　　①用途方面：广泛用于流行社会各阶层，与后来的清代，共同成为中国历史上刺绣流行风气最盛的时期。

　　②绣艺方面：一般实用绣作，品质普遍提高，材料改进精良，技术娴熟，且趋向与宋代作品不同的繁缛华丽的风尚；艺术绣作，在承袭宋绣优秀

图 7-2-5 元代刺绣作品密集金刚像

图 7-2-6 明代刺绣作品

传统的基础上，推陈出新，特别是明代已经出现以刺绣为专业的鸣世家族和个人，如有名的"露香园"绣，为上海顾家所创，发明绘画刺绣结合的"绣画"作品风靡至清朝而不歇；这种刺绣家纷然崛起、广受社会推崇的风气，也以明末清初最盛。

③衍生其他绣类方面：刺绣原本仅以丝线为材料，明代开始有人尝试利用别的素材，于是出现了透绣、发绣、纸绣、贴绒绣、戳纱绣、平金绣等，大大扩展了刺绣艺术的范畴。

清代初中时期，国家繁荣，百姓生活安定，刺绣工艺得到了进一步的发展和提高，所绣作品变化较大，富有很高的写实性和装饰效果；又由于它用色和谐和喜用金针及垫绣技法，故使绣品纹饰具有题材广泛、造型生动、形象传神、独具异彩、秀丽典雅、沉稳庄重的艺术效果，折射出设计者及使用者的巧思和品位，体现了清代刺绣所具有的丰富内涵和艺术价值。

清代刺绣，另有两个突出成就：

①地方性绣派如雨后春笋般兴起，著名的除四大名绣"苏绣、粤绣、蜀绣、湘绣"，还有陇绣、汴绣、京绣、鲁绣等，各具特色，形成争奇斗艳的局面。

②晚清吸收日本绘画长处，甚至融合西方绘画观点入绣，江苏苏州沈寿首创的"仿真绣"，为传统刺绣注入新鲜血液和带来新的面目(图7-2-7)。

图7-2-7 清代仿真绣

(三)刺绣流派

1. 苏绣

苏绣已有两千多年历史，在宋代已具相当规模，在苏州就出现有绣衣坊、绣花弄、滚绣坊、绣线巷等生产集中的坊巷。明代苏绣已逐步形成自己独特的风格，影响较广。清代为盛期，当时的皇室绣品，多出自苏绣艺人之手；民间刺绣更是丰富多彩。清末时沈寿首创"仿真绣"，饮誉中外，她曾先后在苏州、北京、天津、南通等地收徒传艺，培养了一代接班人。20世纪30年代，杨守玉创造乱针绣，丰富了苏绣针法。

苏州刺绣，素以精细、雅洁著称(图7-2-8)。图案秀丽，色泽文静，针法灵活，绣工细致，形象传神。技巧特点可概括为"平、光、齐、匀、和、顺、细、密"八个字。针法有几十种，常用的有齐针、抢针、套针、网绣、纱绣等。绣品分两大类：一类是实用品，有被面、枕套、绣衣、戏衣、台毯、靠垫等；一类是欣赏品，有台屏、挂轴、屏风等。取材广泛，有花卉、动物、人物、山水、书法等。双面绣《金鱼》《小猫》是苏绣的代表作。

此外，苏州发绣也是一件艺术瑰宝。发绣是中国传统工艺中一颗古老而耀眼的明珠。据史料记载，在唐代就已开始流传，与丝绣相比，它有着清秀淡雅、线条明快、清隽劲拔、耐磨耐蚀、永不褪色、富有弹性、利于收藏等特点。近年来，发绣在收藏界的价格一直不断攀升。2012年，苏州发绣技艺申报苏州市"非遗"成功。

图 7-2-8 苏绣作品"清雅玉兰"

2. 湘绣

湘绣指的是以湖南长沙为中心的刺绣品,是在湖南民间刺绣的基础上,吸取了苏绣和粤绣的优点而发展起来的。清代嘉庆年间,长沙县就有很多女性从事刺绣工作;光绪二十四年(1898 年),优秀绣工胡莲仙的儿子吴汉臣,在长沙开设第一家自绣自销的"吴彩霞绣坊",其作品精良,流传各地,湘绣从而闻名全国。

清光绪年间,湖南长沙宁乡杨世焯倡导湖南民间刺绣,长期深入绣坊,绘制绣稿,还创造了多种针法,提高了湘绣艺术水平。早期湘绣以绣制日用装饰品为主,以后逐渐增加绘画性题材的作品。湘绣的特点是用丝绒线绣花,劈丝细致,绣件绒面花型具有真实感。常以中国画为蓝本,色彩丰富鲜艳,十分强调颜色的阴阳浓淡,形态生动逼真,风格豪放,曾有"绣花能生香,绣鸟能听声,绣虎能奔跑,绣人能传神"的美誉。湘绣以特殊的鬅毛针绣出的狮、虎等动物,毛丝有力、威武雄健。1982 年,在全国工艺美术品百花奖评比中,湘绣荣获金杯奖(图 7-2-9)。

图 7-2-9 湘绣作品

3.粤绣

粤绣，亦称"广绣"，泛指广东近两三个世纪的刺绣品。粤绣历史悠久，相传最初创始于少数民族，与黎族所制织锦同出一源（图7-2-10）。清初屈大均《广东新语》、朱启钤《存素堂丝绣录》都描述：远在明代，粤绣就用孔雀羽编线为绣，使绣品金翠夺目，又用马尾毛缠绒作勒线，使粤绣勾勒技法有更好的表现，"铺针细于毫芒，下笔不忘规矩……轮廓花纹，自然工整。"至清代，粤绣得到了更大的发展。国内收藏以故宫收藏最多且具代表性。粤绣构图繁而不乱，色彩富丽夺目，针步均匀，针法多变，纹理分明，善留水路。

图7-2-10　粤绣作品

粤绣品类繁多，欣赏品主要有条幅、挂屏、台屏等；实用品有被面、枕套、床楣、披巾、头巾、台帷和绣服等。一般多作写生花鸟，富于装饰味，常以凤凰、牡丹、松鹤、猿、鹿、鸡以及鹅等为题材，混合组成画面。妇女的衣袖、裙面，则多作满地折枝花，铺绒极薄，平贴绸面。配色选用反差强烈的色线，常用红绿相间，炫耀人眼，宜于渲染欢乐热闹气氛。18世纪出现的纳丝绣，其底层多用羊皮金（广东称"皮金绣"）作衬，金光闪烁，格外精美。1982年粤绣以《晨曦》《百鸟朝凤》等作品，荣获全国工艺美术品百花奖金杯奖。

4.蜀绣

蜀绣，又名"川绣"，是以四川成都为中心的刺绣品的总称，历史悠久（图7-2-11）。据晋代常璩《华阳国志》载，当时蜀中刺绣已很著名，同蜀锦齐名，均被誉为蜀中之宝。清代道光时期，蜀绣已形成专业生产线，成都市内发展有很多绣花铺，既绣又卖。蜀绣以软缎和彩丝为主要原料，题材内容有山水、人物、花鸟、虫鱼等；针法经初步整理，有套针、晕针、斜滚针、旋流针、参针、棚参针、编织针等100多种；品种有被面、枕套、绣衣、鞋面等日用品和台屏、挂屏等欣赏品。其中以绣制龙凤软缎被面和传统产品《芙蓉鲤鱼》最为著名。蜀绣的特点：形象生动，色彩鲜艳，富有立体感，短针细密，针脚平齐，片线光亮，变化丰富，具有浓厚的地方特色。1982年，蜀绣荣获全国工艺美术品百花奖银杯奖。

图7-2-11　蜀绣作品

二、陶瓷的发展历史

陶瓷的发明是人类文明的重要进程，是人类利用天然物，按照自己的意志创作出来的一种崭新的东西。

在距今四千多年之前，农业生产的发展不断进步，私有制开始萌芽，原始氏族部落的社会形式已不能适应新的要求。

夏、商、周三代的陶瓷品种，大致可分为灰陶、白陶、印纹陶、红陶、原始陶等（图7-2-12）。

通过长期烧造白陶和印纹硬陶的实践，不断改进原材料的选择与加工，使之于商代中期出现了原始瓷器，到西周、春秋、战国时期开始兴盛。胎质烧结程度的提高和器表施釉的运用，使原始瓷器不吸水而且更加美观。原始瓷器一般都在施釉前于坯体上拍制几何图案，釉色多呈现青绿、青黄色。

陶器　　　　　　　　原始陶　　　　　　瓷器

图 7-2-12　各类瓷器

（一）由陶到瓷

在中国的陶瓷发展史上，先有陶后有瓷，瓷器由陶器脱胎而来。我国古代的制陶业有辉煌、独特的成就。在黄河流域和长江流域众多的新石器时代遗址中，出土了大量的陶器和陶器碎片。其中有许多已不仅仅是生活日用品，而是具有明显艺术倾向的陶制艺术品，如代表制陶业突出成就的彩陶和陶塑。随着制陶业的发展，制陶技术从泥条盘筑进步到轮盘拉坯，结构简单的横穴窑与竖穴窑已取代了落后的平地起烧，对窑的温度、气温的控制已有了一定经验。当时最高的烧成温度已经达 1100℃，已接近陶与瓷的"临界"温度。自殷商时代早期，即已出现了以瓷土为胎料的白陶器和烧成温度达 1200℃ 的印纹硬陶，开始了由陶向瓷的过渡。

（二）由原始青瓷到青瓷

原始青瓷不同于陶之处，在于原始青瓷比陶器质地坚硬、耐用，且器表施釉，敲击声清脆悦耳。但原始青瓷原料处理和坯泥炼制还比较粗糙，没有经过精细的过滤、淘洗、捏练、陈腐等工艺过程。因为胎料可塑性较小，造型比较单调；胎料中杂质较多，胎体会产生裂纹；釉色不稳，薄厚不均，且有露胎流釉现象。早期青瓷发展到东汉时期，成型采用快轮拉坯成器身，再黏接器底而成，器型规整，器表光滑，釉层增厚，胎釉结合大为改进，脱釉现象很少发生。这些迹象表明，原始青瓷开始摆脱原始状态，而迈入成熟的青瓷阶段。

（三）六大瓷系，五大名窑

宋朝是中国封建社会继汉唐之后的第三个繁荣时期，科技、文学、艺术和手工业高度发达，陶瓷业蓬勃发展，瓷窑遍布全国各地，地方风格浓郁，可以概括为"六大窑系"和"五大名窑"。"六大窑系"是指北方的定窑系、钧窑系、耀州窑系、磁州窑系和南方的龙泉青瓷窑系、景德镇青白瓷窑系。"五大名窑"即官窑、汝窑、哥窑、定窑、钧窑（图7-2-13）。两宋时期官窑制度基本确立，官窑的瓷器形成了不同于民窑器物的艺术风格。瓷都景德镇在元朝时崛起，并以青花瓷、釉里红瓷和卵白釉枢府瓷驰名天下。

汝窑瓷

哥窑瓷

官窑瓷

定窑瓷

图7-2-13　汝窑、哥窑、官窑、定窑成品

(四)彩瓷

　　中国陶瓷艺术经过几千年的发展,到明清时期呈现出灿烂辉煌的景象,各类陶瓷艺术品璀璨生辉。以青花瓷为代表的彩瓷逐渐兴盛:五彩、斗彩、素三彩、釉下三彩、珐琅彩、粉彩等(图7-2-14)。明清彩瓷集陶瓷艺术之大成,极富艺术魅力。颜色釉瓷的烧造进入炉火纯青的境界。单色釉品种不断创新:霁蓝釉、祭红釉、郎窑红釉、豇豆红釉、黄釉、孔雀绿釉等。制瓷技术也有新的突破。陶车旋刀取代了竹刀旋坯,并开始运用吹釉技术,瓷器的质量与数量由此迅猛提高。明清时期的制瓷业,是中国瓷器发展史上的顶峰,对今日中国瓷业有着重大影响。

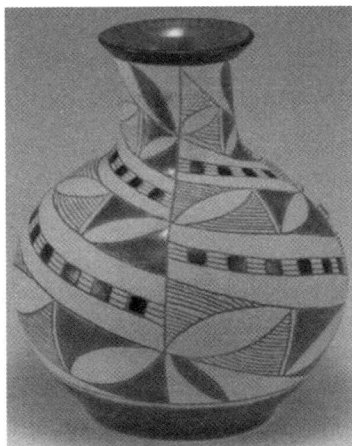

图7-2-14　彩瓷

由于时代和地区不同，陶瓷器在胎釉成分和烧造方法上也或多或少有着比较明显的差别。因此在鉴别一件陶瓷器时决不能离开这方面的细致观察。观察古瓷的釉质，一般要注意其釉质的粗细、光泽的新旧以及气泡的大小、疏密等几方面的特征。

(五)中国近代的陶瓷

鸦片战争以后，中国沦为半封建半殖民地社会，中国的民族工业受到了严重摧残，千载名窑也停滞而趋向衰落。陶瓷生产水平继续下滑，生产规模也日趋萎缩，制造工艺上仍沿行旧法。但中国毕竟有着悠久的制瓷传统，广大瓷工身怀绝技，在极其艰难的情况下，奋力发展以手工技艺为特色的仿古瓷(图7-2-15)、美术瓷，坚持与外国机器制造的日用瓷相抗争，保持了中国瓷器在国际上的美誉，于衰落中显示了振兴陶瓷的潜力。

图7-2-15　仿古瓷

三、中国结

(一)中国结简介

中国结是中国特有的民间手工编结装饰品，始于上古先民的结绳记事(图7-2-16)。据《周易·系辞》载："上古结绳而治，后世圣人易之以书契。"东汉郑玄在《周易注》中道："结绳为约，事大，大结其绳；事小，小结其绳。"结绳作为一种装饰艺术始于唐宋时期。到了明清时期，人们开始给结命名，为它赋予了丰富的内涵，如：如意结代表吉祥如意；双鱼结代表吉庆有余等。中国结其实是一种古老的编织艺术，一根根五彩的丝线，悬垂在居室四周，古朴而风情流转。自然浓郁的生活气息以及吉祥漂亮的中国结，既为主人祈福来年的平安富贵，同时也体现着主人不同的个性与审美。别轻看这小小的中国结，它可是近年来国际时尚潮流的重要元素，已发展成多种产品，其中主要有两大系列：吉祥挂饰和编结服饰。每个系列又包括多个品种，如吉祥挂饰有大型壁挂、室内挂件、汽车挂件等，编结服饰有戒指、耳坠、手链、项链、腰带、古典盘扣等。

图 7-2-16　中国结

(二) 中国结发展史

中国结由旧石器时代的缝衣打结，推展至汉朝的仪礼记事，再演变成今日的装饰手艺。周朝人随身的佩戴玉常以中国结为装饰，而战国时代的铜器上也有中国结的图案，延续至清朝，中国结真正成为流传于民间的艺术。当代多用来室内装饰、亲友间的馈赠礼物及个人的随身饰物。因为其外观对称精致，可以代表中华民族悠久的历史，符合中国传统装饰的习俗和审美，故命名为中国结。

宋代词人张先写过"心似双丝网，中有千千结"，形容失恋后的女孩思念故人、心事纠结的状态。在古典文学中，"结"一直象征着青年男女的缠绵情思。人类的情感有多么丰富多彩，"结"就有多么千变万化。

"结"在漫长的演变过程中，被多愁善感的人们赋予了各种情感愿望。托结寓意。在汉语中，许多具有向心性聚体的要事几乎都用"结"字作喻，如结义、结社、结拜等。而男女之间的婚姻大事，也均以"结"表达，如结亲、结发、结婚等。结是事物的开始，有始就有终，于是便有了"结果""结局""结束"。结饰已被民间公认为表达情感的定情之物，"同心结"自古以来就是男女间表示海誓山盟的爱情信物。而"结发夫妻"也源于古人洞房花烛之夜，男女双方各取一撮长发相结以誓爱情永恒的行为。有诗云"交丝结龙凤，镂彩织云霞。一寸同心缕，千年长命花"，就是其生动的描写。

(三) 中国结特点

中国结的特点是，每一个结从头到尾用一根线编结而成，每个基本结又根据其形、意命名。把不同的结饰结合在一起，或用其他有吉祥图案的饰物搭配组合，就形成了造型独特、绚丽多彩、内涵丰富的中国传统吉祥饰物。

（四）中国结种类及寓意

1. 方胜结：一路平安。
2. 双蝶结：比翼双飞。
3. 如意结：吉祥如意。
4. 团锦结：前程似锦。
5. 祥云结：祥云绵绵。
6. 双喜结：双喜临门。
7. 桂花结：富贵无疆。
8. 团圆结：团圆美满。
9. 双全结：儿女双全。
10. 双线结：财源亨通。
11. 双鱼结：吉庆有余。
12. 盘长结：长寿百岁。
13. 平安结：如意平安。
14. 同心结：永结同心。
15. 双联结：双双成对。
16. 鲤鱼结：吉庆有余。
17. 繁翼磐结：磐石如山。

四、剪纸艺术

（一）剪纸简介

民间剪纸善于把多种物象组合，并构建出理想中的美好意象。无论用一个还是多个形象组合，皆是"以象寓意""以意构象"来造型，而不是根据客观的自然形态来造型。同时，又善于用比兴的手法创造出多种吉祥物，把约定俗成的形象组合起来表达自己的心理。追求吉祥的寓意成为意象组合的最终目的之一。

2006年5月20日，剪纸艺术遗产经国务院批准列入（第一批）国家级非物质文化遗产名录。民间剪纸能够得以长久广泛地流传，纳福迎祥的表现功能是其主要原因。地域的封闭和文化的局限，激发了人们对美满幸福生活的渴求。人们祈求丰衣足食、人丁兴旺、健康长寿、万事如意，便借托剪纸传达。比如民间剪纸《鹿鹤同春》是民间传统的主题纹样。鹤即"玄鸟"，玄鸟是"候鸟"的总称。在民间文化中鹿称为"候兽"，鹤称为"候鸟"，鹿鹤同春是春天和生命的象征。民间"鹿"与"禄"同音，"鹤"又被视为长寿的大鸟，因此鹿与鹤在一起又有"福禄长寿"之意。民间剪纸以各种形式表达出对生命的渴望，祖护生命，颂扬生命，表现生的欢乐。对生命的崇拜成为人们虔诚的信仰。

（二）剪纸流派

剪纸流派根据地域区别分为两派，即北方派和南方派。

北方派，代表为山西剪纸、陕西民间剪纸和山东民间剪纸。在陕西剪纸艺术中，首推陕北民间剪纸。陕西从南到北，特别是黄土高原，八百里秦川，到处都能见到红红绿绿的剪纸(图 7-2-17)。其造型古拙、风格粗犷、寓意有趣、形式多样、技艺精湛。剪纸在陕西以及全国的民间美术中占有很重要的位置，专家们称之为"活化石"。因为它们较完整地传承了中华民族古老的造型纹样，如鱼身人面，狮身人首，以及与周文化相似的"抓娃娃"，与汉画像相似的"牛耕图"等。这一地区由于近百年来交通闭塞，地处偏僻，外来文化较难传入，古代的文化、艺术却被当地人民承袭下来，代代相传。

图 7-2-17　陕西剪纸

南方派，代表为"江浙派"(江苏、浙江)、广东佛山剪纸、武汉民间剪纸和福建民间剪纸。扬州是我国剪纸流行最早的地区之一，历史悠久。浙江剪纸造型讲究大的影像轮廓，而影像之中剪出细细的阴线。阴线的恰到好处，能使形象结构与画面的节奏都增添成色。

佛山剪纸(图 7-2-18)历史悠久，源于宋代，盛于明清时期。从明代起，佛山剪纸已大量生产，产品销往省内及中南、西南各省，并远销世界。福建的南平、华安等地以刻画山禽家畜的作品为多，表现风格较为粗壮有力、淳厚朴实；沿海的闽南、漳浦一带则屡见水产动物入画，风格细致、造型生动；莆田、仙游一带以礼品花为主，倾向于华丽纤巧的意味。

图 7-2-18　佛山剪纸

五、折纸

(一)折纸简介

折纸是一种以纸张折成各种不同形状的艺术活动。折纸只需要少量的折叠就可以组合出复杂精细的设计。一般而言，折纸设计由正方形的纸张折成，有时会配搭不同颜色，而剪纸通常是不需要的。在大部分的折纸比赛中，要求参赛者以一张无损伤的完整正方形纸张折出作品(图7-2-19)。

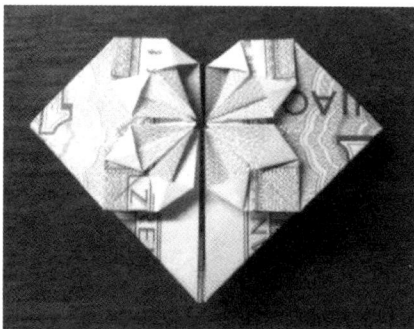

图 7-2-19　纸币桃心折纸

(二)折纸历史

折纸源自中国，但是人们普遍认为折纸是在日本才得到真正的发展。日本的传统折纸见于江户时代(1603—1867年)。欧洲也有自成一体的折纸艺术。19世纪，西方人开始将折纸与自然科学结合起来。折纸不仅成为建筑学院的教具，还发展为现代几何学的一个分支。在中国古代，折纸主要是孩子用作消遣的一门传统艺术，后来经日本折纸作家吉泽章加以改良，使之复兴。他提出了湿折法，并与美国人 Sam Randlett 发明了吉泽章 Randlett 系统(图解折纸术语)。自20世纪60年代起，折纸艺术开始发扬光大。从组合式折纸开始，之后更发展出各式各样的折纸思想派别，如切边折纸、纯粹主义折纸和净土折纸等。

毫无疑问的是，折纸诞生在中国这片土地上。大约在西汉中期，中国人造出了最早的真正意义上的纸。由于早期的纸质量不高，而且产量也很低，显然不适合用于折叠。文献和出土文物始终没有关于折纸的记载，所以折纸到底起源于何时已经不可考。这也成了今天许多日本人认为折纸起源于日本的间接证据。日本最早出现纸是隋炀帝大业六年(公元610年)，多才多艺的昙征把造纸术传到了日本。

最初，折纸在日本是用于祭祀，及至造纸普及化后才盛行于民间。而大约于19世纪初，日本才正式出现了第一本有文字记载及以图示方式教导的折纸书籍。日本人一向把折纸视为他们的国粹之一，更作为日本小学的必修科目。他们认为除了可保存固有的文化外，通过折纸可启发儿童的创造力和逻辑思维，更可促进其手脑的协调(图7-2-20)。

图7-2-20　日本折纸作品

在日本，折纸技术的起飞始于19世纪末。但真正的突破来自一个名叫吉泽章的日本人(他亦被公认为现代折纸之父)。他自20世纪30年代起便不断创作折纸，并将折纸技术提升至一个新的层面。当他的作品在西方展出后，引起了广泛的、热烈的回应，因而激发了一批来自西方的热心人士投身于折纸的创作及研究之中(图7-2-21)。

图7-2-21　吉章泽熊猫折纸作品

过去的几十年，在新一代折纸家的不懈努力下，现代折纸技术已发展至一个前所未有的境界，甚至可以说是超越一般人所能想象的地步。因为，很难想象那些极其复杂而又栩栩如生的折纸作品是由一张完全未经剪接的正方形纸所折出来的。因此，现代折纸已经不再只是儿童的玩意，而是一种既富挑战性又能启发思维、有益身心的活动。

（三）折纸材料

虽然差不多所有薄片状材料都可以折叠，但材料的选用会直接影响折叠的效果，以至于影响模型的最终外形。

标准影印纸（$70\sim90$ g/m^2）适用于简单的折叠，例如鹤和水弹。较重的纸（100 g/m^2 或以上）适用于湿折。湿折法可替模型塑造较立体的造型，因为湿水部分干后较坚固。

特别的折纸用纸（英语称作"kami"，即日语"纸"的意思）以预先包制的方格纸的形式售卖，尺寸 $2.5\sim25$ cm。常见的折纸用纸是一面彩色、一面白色的。现在出现了双面彩色或有图案的色纸，这些适用于折变色模型。至于较轻的折纸用纸，模型的适用范围更广。衬铝箔纸，顾名思义，是一张与薄纸张胶合的金属薄片。在亚洲，某些折纸爱好者也会自制所谓"合成纸"，就是将铝箔与薄棉纸胶合起来使用。

（四）折纸与数学

折纸的研究涵盖了多种数学知识。譬如，平面可折性的问题（一件起皱的形态能否折成二维模型）是重要的数学研究主题。

值得注意的是，纸张面上的所有点展现零高斯曲率，而仅仅沿零曲率的线条自然地折叠。但是，沿曲率不起折痕的纸张面，可透过湿纸张或手指实现。

硬式折纸的问题（"若用薄金属板取代纸张，而折线中有节点，我们能否仍旧折出模型？"）有重大的实用价值。例如三浦公亮提出的硬式折叠——三浦折叠已应用于为太空人造卫星部署大型太阳电池板的阵列。

● **任务实施**

一、我能完成围巾编制

首先棒针起针。

第一针，调下不织，将线绕到上面。

第二针，用右针往左针上的两根线里穿出。

将线往穿出的右针前边绕一下，然后将线织出来。

第三针，织下针，将右针往左针下面线里穿出。

接着重复此轮动作直至编完一排后再另起一排反复编至围巾完工（图7-2-22）。

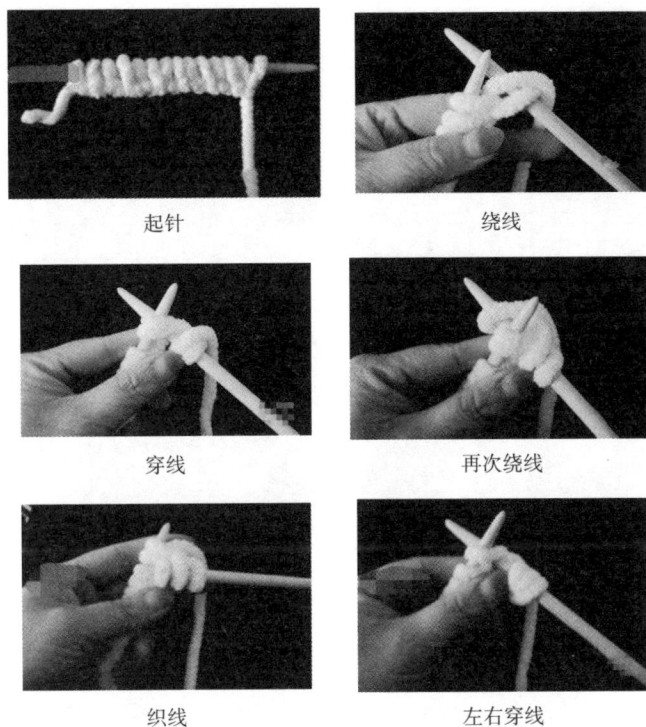

起针　　　　　　　　　　绕线

穿线　　　　　　　　　　再次绕线

织线　　　　　　　　　　左右穿线

图 7-2-22　围巾编制

二、学习陶瓷的制作

陶瓷是陶器和瓷器的总称,常见的陶瓷材料为氮化物、硼化物、氧化物和碳化物等,典型代表有黏土、氧化铝、高岭土等。陶瓷材料虽然硬度较高,但可塑性较差。陶瓷除了用作食器、装饰外,在科学、技术的发展中亦扮演着重要的角色。陶瓷原料取自地球原有的黏土,经过淬取而成。黏土的用法极具弹性,在今日文化科技中尚有各种创意的应用。下面我们学习陶瓷的制作过程(图 7-2-23)。

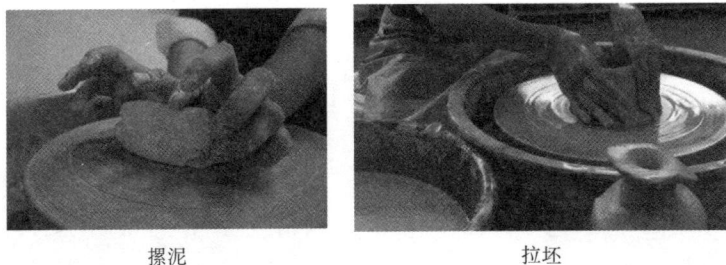

摔泥　　　　　　　　　　拉坯

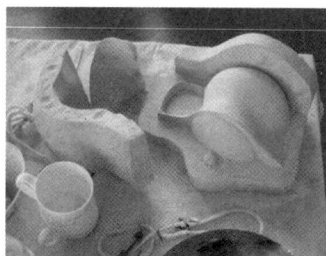
印坯

捺水

画坯

上釉

成瓷

图 7-2-23　陶瓷制作过程

(一)淘泥

高岭土是烧制瓷器的最佳原料。千百年来,多少精品陶瓷都是从这些不起眼的瓷土演变而来的。制瓷的第一道工序:淘泥,就是把瓷土淘成可用的瓷泥。

(二)摞泥

淘好的瓷泥并不能立即使用,要将其分割开来,摞成柱状,以便储存和拉坯用。

(三)拉坯

将摞好的瓷泥放入大转盘内,通过旋转转盘,用手和拉坯工具,将瓷泥拉成瓷坯。

(四)印坯

拉好的瓷坯只是一个雏形,还需要根据要做的形状选取不同的印模将瓷坯印成各种不同的形状。

(五)修坯

刚印好的毛坯厚薄不均,需要通过修坯这一工序将印好的坯修刮整齐和匀称。修坯又分为湿修和干修。

(六)捺水

捺水是一道必不可少的工序,即用清水洗去坯上的尘土,为接下来的画坯、上釉等工序做好准备工作。

(七)画坯

在坯上作画是陶瓷艺术的一大特色。画坯有好多种,有写意的、有贴好画纸勾画的。无论怎样,画坯都是陶瓷工序的点睛之笔。

(八)上釉

画好的瓷坯,粗糙而又呆涩;上好釉后则全然不同,光滑而又明亮。不同的上釉手法,又有全然不同的效果。常用的上釉方法有浸釉、淋釉、荡釉、喷釉、刷釉等。

(九)烧窑

千年窑火,延绵不熄。经过数十道工序精雕细琢的瓷坯,在窑内要经受千度高温的烧炼。现在的窑有气窑、电窑等。

(十)成瓷

经过几天的烧炼,窑内的瓷坯已变成了件件精美的瓷器。

(十一)修补

瓷器有时烧出来会有一点瑕疵,用"劲素成"(一种陶瓷修补剂)进行修补,可以让成瓷更完美。

● 任务评价

1. 制作一件手工技艺作品并拍照分享成果。
2. 讨论手工技艺作品制作心得。

● 能力拓展

观看陶艺小技巧之中山陶瓷匠人制作釉彩茶罐的视频。

项目八
照顾老幼

工匠精神

李庆恒：精益求精突破自我　成就快递链上"状元郎"

李庆恒是浙江申通快递的一名基层客服人员。处理"问题件"是他日常工作中的重要内容。此外，他还主动参与一线快递员的工作，在各类电商促销节日里帮忙打包、分发货物，随后成为一名快递分拣员。

凭借出色的工作效率和娴熟的业务技能，李庆恒工作第一年就被公司派去参加浙江省桐庐市快递员技能比赛并且获了奖。之后，几乎每一年他都会参加快递员的相关技能比赛，年年都能捧回奖状、拿回证书。他还获得过青年岗位能手、浙江金蓝领等荣誉。

在被晋升为转运中心主管走上管理岗位后，深感自身文化水平不足的李庆恒决定回归校园，提升自我。去年11月，他成功考入浙江邮电职业技术学院，学习工商企业管理专业，在工作之余，利用碎片化时间上网课，期末返校进行考试。在他看来，既然选择扎根快递行业，就要多学点知识，把这个职业摸透，提高自己未来的发展空间，争取能评上快递业的高级工程师。

三百六十行、行行出状元。干一行，爱一行，说起来简单，做好不易，把平凡的事做到极致就是成功。李庆恒用实际行动诠释了爱岗敬业、大国工匠的真谛，在平凡岗位绘就了自己的中国梦。

任务一　领会尊老爱幼美德的内涵

● 学习目标

1. 领会"尊老爱幼"美德的内涵。
2. 树立家庭与社会责任感。
3. 强化尊老爱幼的意识。

● 学习任务

了解"尊老爱幼"这一中华民族传统美德的内涵，分享身边践行"尊老爱幼"美德的模范人物事迹，将"尊老爱幼"深植于心、外化于行。

● 任务导入

中国古代儒家学派的代表人物孟子曾说过："老吾老，以及人之老；幼吾幼，以及人之幼。天下可运于掌。"敬爱自己的长辈，进而也敬爱别人的长辈；爱抚自己的孩子，进而也爱抚别人的孩子，这样亦可轻易实现天下太平、国泰民安。"尊老爱幼"是中华民族的传统美德，也是社会文明高度发展的体现。践行"尊老爱幼"美德应是每位大学生的责任和义务。

● 任务准备

每位同学准备1~2个身边"尊老爱幼"的小故事分享。

● 知识窗

"孝敬老人"事迹

● 知识储备

一、"尊老爱幼"的含义

"尊老爱幼"即尊敬长辈，爱护幼小，是中华民族的传统美德。

尊老爱幼起始于原始社会。当时生产力低下，在氏族公社的内部为了人类的繁衍和文明的延续，对丧失劳动能力的老人和尚无劳动与生活能力的小孩都一样分配劳动果实，实行义务抚养。由此逐渐形成的这种朴素的道德观念，也被继承下来。这体现了人性的善良。"尊老爱幼"有着经久不衰的生命力，值得被我们永远地继承下去。

二、为什么要"尊老爱幼"

尊老爱幼、孝敬父母是社会主义道德的基本要求。受其影响，我国《民法典》明确规定，父母对未成年子女负有抚养、教育和保护的义务，成年子女对父母负有赡养、扶助和保护的义务。

宪法、婚姻法规定要尊老爱幼，其原因主要有：

1. 尊老爱幼是中华民族的优良传统和美德。我们应当继承和发扬这一优良传统。

2. 这是社会主义道德法律化的要求。我们知道，《民法典》具有强烈的伦理道德性，即伦理道德与法律具有兼容性。道德上要求法律有相应的规定，法律的规定又得到了道德的强力支持。像尊老爱幼这种中华民族的美德，我们就应当将其上升到法律的高度，用法律来保障老人受到尊重、孩子得到照顾。

3. 这是现实生活的需要。尽管我国绝大多数人都能做到尊老爱幼，但仍有少数人不能履行对老人应尽的法律义务，甚至对未成年人虐待、遗弃。因此有必要对这些人予以法律约束。

三、"尊老爱幼"相关节日

(一) 重阳节

1. 重阳节的来历。

1986 年，根据中国老龄问题全国委员会的建议，国务院决定将每年农历九月初九的重阳节定为"中国老人节"，将传统与现代巧妙地结合，使之成为尊老、敬老、爱老、助老的老人节。我们应该在日常生活中，帮助老人解决生活的困难，多给老人一些心理慰藉。同时借助传统的重阳节，表达对全国老人健康长寿的祝福。

2. 重阳节的习俗。

重阳节，作为中国的传统节日，融多种民俗于一体。那么重阳节的风俗有哪些呢？

(1) 九日登山。

一有王维"遥知兄弟登高处"，二有李白《九日登山》，可见登高是重阳节的风俗之一。重阳佳节，秋高气爽，登高可使人心旷神怡(图 8-1-1)。

(2) 九日醉吟。

所谓九日黄花酒，即指菊花酒。农历九月，菊花争艳，因此九月又称菊月。菊花象征长寿，菊花酒寓意"吉祥酒"。在重阳节有赏菊、饮菊花酒的传统习俗，所以重阳节又称为"菊花节"。重阳节聚会饮酒、赏菊赋诗早已成为一种时尚。

图 8-1-1 老人重阳节登高

（3）食重阳糕。

重阳登高还与吃重阳糕有联系。因为"高"与"糕"谐音，所以重阳登高，重阳吃重阳糕。登高吃糕，有"步步高升"之吉祥寓意。此外，还有庆祝秋粮丰收、喜尝新粮的用意。

正所谓"千里不同风，百里不同俗"。重阳节除了上述人人皆知的风俗以外，各地也有不同的风俗以庆祝重阳佳节。如：在河北，重阳节有"追节"的习俗，即有姻亲关系的家庭会互相送礼；在山东昌邑北部有谚语道"喝了萝卜汤，全家不遭殃"，所以有重阳节吃辣萝卜汤的习俗；又如江苏南京人家以五色纸凿成斜面形，连缀成旗，插于庭中等。

（4）佩茱萸。

之所以王维诗曰"遍插茱萸少一人"，是因为在古代，插茱萸是重阳节的习俗。因此，重阳节又称茱萸节。茱萸是一种具有特殊气味的植物，有驱虫去湿的作用，可入药，能消积食、治寒热。所以，古人重阳节佩茱萸是希望可以辟邪求吉，因此还被人们称为"辟邪翁"。

重阳节不仅在中国有习俗，在其他国家也有一些风俗，如在韩国有吃花煎、花菜，玩花煎游戏、放风筝的习俗；在日本有吃茄子、吃栗子饭祭菊等风俗。

中华民族一向是个懂得尊老爱幼的民族，我们从小受到的教育，也是要尊老爱幼。尊老爱幼是我国古代优良的传统美德，我们要弘扬这优良的传统，为中华人民共和国的精神文明建设贡献自己的一份力量！

（二）儿童节

儿童是国家的未来，是民族的希望。给所有儿童创造良好的家庭、社会和学习环境，让他们健康、快乐、幸福地成长，一直是世界各国努力的目标。一年一度的"国际儿童节"就是专门为儿童们设立的节日。

1949 年 11 月，国际民主妇女联合会在莫斯科举行理事会议，中国和各国代表愤怒地揭露了帝国主义分子和各国反动派残杀、毒害儿童的罪行。为了保障世界各国儿童的生存权、保健权和受教育权，改善儿童的生活，会议决定以每年的 6 月 1 日为国际儿童节。

我国中央政府于 1949 年 12 月宣布：以"六一国际儿童节"代替原来的"四四儿童节"，并规定少年儿童放假一天。每年的这天，学校一般会为此组织相关的集体活动。民间庆祝的方式多为送玩具礼物给小朋友，或陪小孩出外吃大餐、游玩。

● **任务实施**

一、"尊老爱幼"社会实践之一

大手牵小手走进孤儿院，一起营造和谐校园的新风尚。让孤儿充分体会到社会大家庭的温暖，并鼓励他们好好学习，将来回报社会。同时可体现当代大学生、高校学子关爱儿童、关注弱势群体、奉献社会的高尚品德，展现我们的爱心。

活动流程如下。

（一）活动前期准备

1.联系好孤儿院，确定活动的开展时间及内容。

2.组织参加人员。

3.安排好活动的场地。

4.统计人员，调查好来回路线。

（二）活动实施阶段

1.参与活动人员着统一服装在规定时间、规定地点集合出发前往活动地。

2.现场与孤儿院负责人协商游戏场地的筹备。

3.联欢游戏活动(适合与儿童一起进行的游戏及节目表演)。

4.展开慰问：和孩子们交流，向慰问儿童送出统一准备或自愿准备的学习、生活用品，以帮助孩子们的学习生活。

5.活动结束后各参加人员帮助整理和打扫卫生。

6.在活动地点集合后统一离开。

（三）活动后期工作

1.参加人员写感想。

2.活动相片的收集。

二、"尊老爱幼"日常践行活动

用实际行动向身边的老人们献上我们的一份心意。发扬中华民族的传统美德,学会为自己的爷爷奶奶、外公外婆或邻居老人做些力所能及的事,比如帮他们做家务、陪他们聊天娱乐,多为他们着想,少让他们做那些本来应该由我们自己做的事,把好吃的让给他们,把有趣的事告诉他们,对邻居长辈有礼貌,外出时礼让老人。

● **任务评价**

1. 日常生活中践行"尊老爱幼"传统美德并拍照分享。

2. 参加敬老院和孤儿院志愿者活动。

● **能力拓展**

1. 观看关于"尊老爱幼"的感人故事之"良好家风出孝子,耄耋老人悉心照料百岁母亲"的视频。

2. 寻找机会践行"尊老爱幼"美德,努力将该习惯坚持一个学期,然后在本学期结束时再次系统反思自己各方面发生的变化。

任务二　学会照顾老年人

● **学习目标**

1. 了解老人心理、身体、行为特征。

2. 掌握日常照料老人的方法。

3. 能够主动照顾老人。

4. 树立家庭与社会责任感。

5. 强化尊敬老人的意识。

● **学习任务**

在充分了解老人独有的心理、身体、行为特征后,对家里的老人或是身边有需要的老人进行日常照料,并呼吁身边的亲朋好友关心老人,让老人们感受到温暖,在轻松的环境下度过美好晚年。

● **任务导入**

随着中国社会老龄化进程的加快,政府开始高度重视和解决人口老龄化问题,保障老人们的基本生活。俗话说得好:"家有一老,如有一宝。"对于每个家庭来说,老人不仅是家人们的情感寄托,也是晚辈们的精神依靠。但老人们由于身体机能的衰退,生理、心理上会出现各式各样的问题。作为晚辈,如何照顾好身边老人就显得尤为重要。

● **任务准备**

1. 每位同学提前熟悉家中 1~2 位老人的生活习惯和性格。
2. 准备照顾老人需用到的物品。

● **知识储备**

一、老年人心理特点

(一)生理因素引起的心理改变

1. 由衰老引起的心理改变有如下几种表现:

①感知觉衰退导致性格变内向、寡言、反应迟钝、动作迟缓,显得老态龙钟。

②记忆力衰退导致对一切事务兴趣下降、记性差而忘记熟人名字,所以懒于交际、故步自封。

③思维力衰退引发语言表达能力下降,啰唆唠叨、思维迟钝,固守老观念,被贴上"老顽固"的标签。

④情绪改变会导致不稳善变、焦虑多疑、易怒、自卑、孤僻古怪。

⑤意志衰退而不愿探索、不思进取、拖拖拉拉、优柔寡断。

2. 疾病引起的心理改变。

所有躯体疾病和精神疾病都能影响老年人的心理健康,轻则焦虑多疑、孤独依赖等;重则生活不能自理,易抑郁,甚至自杀等。

反过来,这些不良心理又会加重原有疾病,产生恶性循环,甚至导致新的疾病。常见此类疾病有高血压、冠心病、糖尿病、支气管哮喘等。

3. 死亡引起的心理改变。

老人之所以会"怕死",主要是出于对死亡的未知,对死后现实世界的未知。许多老人担忧自己的身后事不知如何操持、自己还会不会被人记得、家里比较弱的孩子以后怎么生活等。他们不确定这些生前惦念之事能否得以解决。

其实,老人们这种心态被称为"终点焦虑",即老人面对越来越近的人生"终点",会产生恐惧不安、焦虑烦恼等负面情绪,使自己和身边人陷入"阴霾"中。

帮助老人们积极看待自己的一生,消除他们的后顾之忧,鼓励他们乐观面对生活,多些成就感、价值感,少些悔恨、遗憾、自责,坦然享受晚年生活,能有效缓解他们的"终点焦虑"。

如果老人主动提及自己命不久矣,担心老伴、孩子以后的生活,说起自己葬礼、墓地等事宜,家人应给予回应,并达成一致意见,而不是避而不谈。应当多理解、陪伴老人,减少他们的孤独感和无助感,包容他们的"做不到"和低级错误。

(二)社会因素引起的心理改变

1. 从职业角色转变为闲暇角色。

老人在退休后从工作中抽离出来,由职业角色转变为闲暇角色,大都会经历一段迷茫期。初始的心理不适应如失落、空荡、惆怅、寂寞和无聊等情绪,如果没有得到较好地释放和缓解,会加重原有疾病,诱发新的身心疾病。

2. 从主角退化为配角。

这种落差是客观的。如果没有良好的心态,同样会出现上述情况。反之,本来就对名、利、权、欲等都已看淡,达到佛家、道家所说的"空无境界",就会很好地适应。这就叫修身养性。

(三)家庭因素引起的心理改变

1. 家庭经济状况。

俗话说,家家有本难念的经。很多老人收入明显减少,而花钱的项目却在增加,尤其医疗费用。譬如目前农村养老金太少,远远达不到发达国家水平。很多老人开始悲观发愁,这时主要依靠孝顺的儿女。故社会上需大力提倡孝道。

2. 家庭人际关系。

家庭成员内部之间有矛盾,老人家就容易出现敏感、钻牛角尖、失望、怨恨、气愤等伤心也伤身的情绪。这时,家庭成员应多找自己的原因,多替别人着想,讲究个"善"字,宽以待人,严以律己,退一步海阔天空。

3. 空巢老人的心理表现。

"空巢老人"一般是指子女离家后的中老年人。中国空巢老人数量越来越多,已经成为一个不容忽视的社会问题。当子女由于工作、学习、结婚等原因离家后,不少独守"空巢"的中老年人因此而产生的心理失调症状,被称为家庭"空巢综合征"。家庭"空巢综合征"常常表现出的症状是心情郁闷、沮丧、孤寂、食欲降低、睡眠失调;平时愁容不展、长吁短叹,甚至流泪哭泣,常常会有自责倾向,认为自己有对不起子女的地方,没有完全尽到做父母的责任;另外也会有责备子女的倾向,觉得子女对父母不孝,只顾自己的利益而让父母独守"空巢"。

二、日常护理

(一)居家护理

1. 向阳:预防骨质疏松症,扩张血管,防止抑郁。

2. 通风:一般居室开窗通风 20~30 min。

3. 宁静:保持周遭环境的安静对于心脏病老人是一种治疗手段。

4. 温度:居室温度以 18~20℃为宜,夏天以 22~24℃为宜。

5. 湿度:居室最佳湿度为 50%~60%。

6. 家具:造型简单,布局合理,尽量靠窗。

7. 装饰:根据老人爱好,唤起老人记忆。

(二)饮食护理

1. 色香味俱全。

2. 饮食要清淡：过咸过油，易致心脑血管疾病，盐摄入量低于 6 g/d。

3. 食品要多样：每天的主副食品保持在 10 种以上。

4. 蛋白质要优质：豆制品，乳制品，自然生长的鸡、鱼、家畜等。

5. 蔬菜要新鲜：每天摄入量应不少于 250 g，防便秘、保护心血管等。

6. 水果要适量：应在饭后半小时进食，还得适量。

7. 饭菜要松软。

8. 食物要温热：一般控制在 42℃，注意保温。

9. 进食要缓慢：避免噎食。

10. 喝水要充足：一般 6~8 杯(2000~2500 mL)为宜。

11. 食物要控制：七八分饱为宜，晚餐一定要少吃、早吃。

(三)睡眠护理

1. 睡眠正常护理。

老年人每天睡眠时间应保证充足。

注意事项：睡前忌进食、饮浓茶和咖啡、讲话、当风。

2. 睡眠障碍的护理。

心理疏导——关心、安慰、缓解不良情绪。

治疗护理——严格遵守医生、护士指导，及时服药。

(四)清洁护理

1. 每日护理。

早晚洗脸刷牙，饭前洗手，饭后漱口，睡前清洗会阴和双足。

2. 每周护理。

在身体状况允许的情况下，每周洗头、洗澡各一次。

3. 洗澡注意事项。

注意评估、注意温度、防止跌倒、注意力度、注意特别部位、缩短时间。

(五)衣着护理

1. 帽子。

头部血管丰富，天冷时大量热量从头部蒸发，戴帽子可保温。

2. 衣服。

面料最好用纯棉织品。

款式要宽大、合体、轻软、穿脱方便。

色彩要柔和、不褪色，夏季色淡，冬季色深、鲜艳。这可使老人愉悦、富有活力。

考虑衣物的散热与保暖功能。

3. 鞋袜。

人老先老脚，老人的末梢循环差，脚易冷。

冬天老人应穿保暖、透气、防滑的棉鞋，其他季节穿轻便布鞋，袜子选择宽松口的。

(六) 运动护理

1. 自理老人的运动护理。

起床后：醒了静卧 3 min，床上活动穿衣服，床边静坐 3 min，站立行走。

晨间梳洗：一般先去卫生间大小便、刷牙漱口、洗脸、梳头。

户外：阳光、空气、水和运动是健康四宝。

晚间洗漱：除重复早晨活动外，可增加洗浴、泡脚。

2. 不能自理老人的运动护理。

①偏瘫老人的运动护理。鼓励、劝说老人树立信心，帮助其尽可能多地进行各个肢体的运动，延缓肌肉萎缩、神经萎缩，但要讲究循序渐进、力所能及。

②全瘫老人的运动护理。定时帮助老人翻身防压疮，一般间隔 2 h 一次；使用气垫床，可适当延长间隔时间帮助被动活动关节、肌肉，预防关节僵硬、肌肉萎缩，促进康复。

三、急救护理

(一) 高血压护理

1. 高血压护理步骤：

①向老人介绍高血压病防治知识，合理安排生活，劳逸结合，保持良好心态，避免不良刺激。

②劝诫老人改变不良生活习惯，戒烟忌酒，保证充足的睡眠。

③养成定时排便的习惯，多吃蔬菜、水果和富含植物纤维的食物，适量饮水，保持大便通畅。

④定期测量血压，坚持长期服药，保持血压在正常的范围之内。

⑤给老人提供低盐、低脂、低胆固醇饮食。肥胖老人应适当限制热量摄入，以减轻体重。

⑥适量运动。

⑦一旦发现老人血压持续升高或出现头晕、头痛、恶心等症状，应让其停止一切活动，嘱咐老人放松，就地休息，做好安抚，并及时报告其家属和医生。

2. 护理小贴士：

预防高血压的三个半分钟法和三个半小时法。

三个半分钟法即醒来躺在床上半分钟，坐起来又坐半分钟，两腿垂在床沿半分钟。可预防体位性低血压、脑缺血、摔倒、骨折，减少脑中风、心肌梗死和猝死事件的发生。

三个半小时法即早上起来运动半小时，午睡半小时，晚上慢步行走半小时。这样可增强体质，提高生活质量。

(二)老人脑出血护理

1. 急救处理：

①一旦怀疑老人中风，不要随便搬动老人，及时报告值班医生，通知家属及相关人员或直接拨打120急救。

②让老人仰卧，头肩部稍垫高，头偏向一侧，防止痰液或呕吐物回流吸入气管造成窒息，同时注意保暖。

③解开老人领口纽扣、裤带、胸罩，如有假牙也应取出。

④如果老人清醒，要注意安慰，缓解其紧张情绪，宜保持镇静，切勿慌乱，避免造成老人心理压力。

⑤搬动老人时应听从急救医生的指挥，动作轻柔。

2. 恢复期护理：

①心理护理：与老人交流，进行开导，使老人感受温暖，树立信心。

②呼吸道护理：如病情允许可采取半坐卧位，拍打胸背部。

③口腔护理：每天2次用冷开水清洁口腔。

④眼睛护理：眼睛不能闭合的老人，应每天用1%硼酸水或生理盐水冲洗眼睛，并用无菌油纱布覆盖以保护眼睛。

⑤褥疮护理：每隔2 h翻一次身，变换体位，预防褥疮。

⑥康复护理：在医务人员指导下进行康复护理，如被动、辅助、主动运动。

⑦饮食护理：限制总热量，低盐、低脂、清淡饮食，戒烟忌酒，多吃蔬菜水果。

⑧预防肺炎护理：翻身后要进行拍背护理，每次10 min左右。

⑨排尿护理、排便护理：多喝水。

(三)老年痴呆症护理

1. 充分了解和理解痴呆老人，赢得老人的信任。

2. 帮助痴呆老人熟悉环境和居室设施，让老人在住所内能够辨认出自己的居室，在居室内能够找到自己需要的物品和衣物，逐渐适应基本的生活。

3. 帮助痴呆老人形成有规律的生活，督促老人按时起床、洗漱、吃饭，避免昼夜颠倒的生活。

4. 引导痴呆老人适当用脑，强化记忆。多陪老人聊天，回忆过去的生活往事。

5. 指导老人进行日常生活能力的训练，尽可能保持生活自理能力。

6. 请老人参加文体活动(如听音乐、跳舞、打太极拳、打门球)、社交活动、阅读活动等，延缓老人的社会衰退速度。

7. 对于日常生活完全不能自理的痴呆老人，要照顾好其饮食起居，使其定时进餐、定时排泄，保持个人卫生。同时要注意防止褥疮和呼吸道感染。

8.做好痴呆老人"五防"，即防自我伤害、防跌伤骨折、防意外事故、防药物中毒、防走失。

● **任务实施**

"尊老爱幼"社会实践之二

弘扬中国传统文化，走出校园，深入了解社会。大学生可组织志愿者团队参与"尊老爱幼"社会实践，去敬老院看望老人，既可丰富、充实大学生的课余生活，锻炼和提高大学生的社会能力，又能为社会的发展贡献力量，传播正能量。

（一）活动目的

1.对敬老院：

①希望能给老人带来快乐，同时自己也体会到帮助别人的快乐。

②通过帮助孤寡老人做一些力所能及的事，让老人排解内心的孤独寂寞，让他们感受到温暖和关爱。

③得出一定的数据和信息，分析造成这种现状的原因。可以的话，给出一定的解决措施。

2.对实践人员：

①完成社会实践活动的要求与任务。

②帮助、关心老人，养成尊老、敬老、爱老、助老的良好习惯。

③更好地锻炼我们的调研能力，积累社会实践经验，培养团体协作精神和社会交际能力，提高自身的素质，完善自我。

④同学们走出校园，走进社会，关注社会上那些无助的群体，了解他们的生活。与不同的群体接触，可以让大学生更加了解这个社会，更加关爱弱势群体，同时也培养了大学生的服务群众的思想。

3.社会意义：

①在宣传活动中呼吁社会更加关注老年人这一群体，激发社会上的爱心人士更多地关注敬老院。

②进一步弘扬尊老敬贤的传统美德和青年志愿者"奉献、友爱、互助、进步"的精神。

③加大宣传，希望在社会上形成尊老、敬老、爱老、助老的社会氛围。

④向社会展示大学生的优秀品质与较好的精神面貌，让市民看到当代大学生的风采，能够真正地唤起各界对老年人的关爱。

（二）活动时间

1天：××××年××月××日。

（三）活动地点

社区敬老院。

(四)活动对象

敬老院院内老人。

(五)活动流程

1.活动前期策划准备。

①开展活动前会议。

②安排负责人员。

③初步调查、联系敬老院。

④派代表提前考察敬老院的情况，如食宿状况、网络状况、作息时间、生活习惯、工作人员情况等。

⑤进行活动前的准备，购买活动物品等。

2.活动时间及内容安排。

(1)初步交流。

到达敬老院，与敬老院的老人们聊天，帮助老人们做一些力所能及的事，如打扫卫生等，让大家相互认识，了解老人们的物质及精神状况等。

充分了解敬老院的环境并教导活动成员如何和老人沟通等关于敬老院的培训知识。

(2)日常活动。

①早上锻炼或与老人一起散步。

②在老人没事的时候，与老人聊天。聊天内容可以涉及我们所要调查的内容，采用谈心的方式，轻松进行。

③每日的活动记录。

④晚上睡前开一次集体会议，每日进行总结，并布置下一阶段的工作。

⑤协助工作人员，帮助照顾老人。

(3)游戏活动(学生与老人自由结对做游戏)。

①折纸小游戏。

以小组为单位，派出两名代表，在规定的时间(15 min)内，进行折纸，时间到后立刻停止。由评委评比，哪一组的折纸最精致、花样最多，哪一组就胜出。

②你出我猜。

每组出十道谜底，形式不限，可以是脑筋急转弯，也可以是一般谜题。标注每队标志，最后仍旧以两人为代表的方式。答题的一组在其他组的答题箱中抽取六道题回答，前三十题以轮流回答的方式进行，最后二十道题以抢答的方式进行，每题答题时间1 min。答对加一分，答错扣一分，不答不扣分。

③一句话故事接龙。

分组抽签，抽中的第一组以一句话叙述一个故事，第二组以一句话延续这个故事，循环向下，限时1 min。组内可任意商议，时间到达或进度受阻，停下来的那一组将受到惩罚。具体要求由其他四组商议。

④定向运动。

原地摆放八个纸箱，分别写上八个方位，一人站在其中，蒙住双眼，按照主持人的口令做动作(事先写好的纸条)。停下来后，根据自己的印象，猜测自己正前方的纸箱是哪一方向。进行两轮，猜对可获得箱中的小礼品，猜错则受到相应惩罚。

⑤其他小活动等。

(4)心愿大实现。

让老人们写下或说出自己的心愿。在合理范围里，实践队员分组进行，帮助老人完成心愿。

3.调查实践。

(1)敬老院内的调查。

问卷调查：

①老年人养老方式的选择及原因。

②老人们的身体状况与精神状况。

③老人们的生活状况以及生活条件。

专项采访：

①老人们对自己生活的感想。

②老人们对进敬老院的看法。

(2)敬老院外的调查。

①人们如何选择老人的养老方式以及原因。

②人们对于老人的养老有何看法。

③社会对于老人问题，如下一步该怎么办的看法。

(六)活动注意事项

1.整个活动中：

①不要太热心，要考虑到老人的自尊；老人的行动或许慢，但不代表他们愿意让你帮助。

②注意穿着应考虑老人们的审美，不要引起老人们的反感。

③要有耐心，懂得倾听。

④有礼貌，敬语、尊称不能忘。

⑤一些过于私人的问题，尽量不要涉及。

⑥询问家庭状况、身体状况、兴趣爱好。

⑦我们去敬老院，不一定是去教什么，而有可能是去学什么。降低自己的身份，态度谦恭有礼。老人若有什么特长，可以试着让老人教我们。

⑧注意老人的身体健康状况，提前了解老人常见心理问题及解决方法。

2.活动过程前：

①采购及布置应该尽量快速并且减少麻烦。

②注意安静。

③注意礼貌。

④安全第一。

3.活动过程中：

①活动中要遵守规则，不擅离职守。

②随时关注老人的身体状况，注意休息。

③活动时间与内容安排恰当。

4.活动过程后：

(1)询问老人们对于活动的感受与建议，随时反馈，进行调整与完善。

(2)进行小结：

①每位队员将自己每天全身心投入在活动后的感悟与认知及时在活动心得上反映，在活动结束后整理为个人的实践心得。

②开展小会，活动当天策划人员与记录人员就每天的活动情况进行详细记载，并讨论第二天的具体活动事宜，做好分配。

③调查人员负责当天调查问卷的整理与总结。

④每天做好宣传工作，拍照、写新闻、发微博等，并选取质量较高的稿件向各大报刊投稿，以期引起社会的关注。

⑤负责人做好每天团队日志，并定时与指导老师等进行联系。

● 任务评价

1.照顾家中老人日常起居并拍照分享成果。

2.讨论照顾老人的技巧。

● 能力拓展

学习照顾老人的技巧之认知障碍老人护理措施。

任务三 学会照顾幼儿

● 学习目标

1.读懂"熊孩子"背后的语言，成为孩子的"朋友"。

2.掌握幼儿生活起居照顾方法。

3.树立主动照顾幼儿的意识。

4.树立家庭与社会责任感。

● 学习任务

熟悉幼儿的身心特点，学会解读幼儿行为背后的真实意图，选择正确的方式照料他们的日常生活起居，为孩子们营造一个良好健康的成长环境。

● 任务导入

在"全面放开三孩"政策的背景下，政府工作报告提出"幼儿照护事关千家万户"。这正是打消人们生育顾虑的一个重要举措。"全面放开三孩"政策可提升群众生育意愿和生育能力，对于更好地应对人口老龄化发展趋势，推动实现适度生育水平具有重要的现实意义。你们做好迎接这些熊孩子的准备了吗？照顾幼儿生活起居、读懂"熊孩子"背后的语言、成为孩子的"朋友"已是现代人的一项必备技能了。

● 任务准备

1. 每位同学提前熟悉身边 1~2 个小孩的生活习惯和性格。
2. 照顾小孩需用到的物品准备。

● 知识储备

一、幼儿食品制作知识

(一)食物品种的选择

1 周岁前：以奶为主。

4~6 个月开始逐步合理添加辅食，尝试多种多样的食物，膳食应少糖、无盐、不加调味品(可添加少量食用油)。

1 周岁后：以谷类为主食。

以米、面为主，同时搭配动物食品及蔬菜、水果、禽、蛋、鱼、豆制品等。食物的搭配制作上要多样化。

适合幼儿的蔬果：深绿色叶状蔬菜及橙黄色蔬菜含有较高的维生素 C、维生素 B_2 和胡萝卜素及矿物质(如钙、磷、铁、铜等)。

水果中的有机酸能促进幼儿的食欲，有助消化的作用。

推荐蔬菜：油菜、小白菜、菠菜、苋菜、莴笋叶、圆白菜、胡萝卜、西红柿。

推荐水果：苹果、柑橘、香蕉、桃子、葡萄、梨、芒果、木瓜。

(二)食物质地的选择

1.原则：

①1 岁以内以奶为主。

②6 个月内最好纯母乳喂养。

③4~6 月开始添加辅食。

2.不同月龄幼儿对食物质地的选择(表8-3-1)。

注意：

橘子易过敏，幼儿满 6 个月后再加；果蔬不能互相替代。

表 8-3-1　不同月龄幼儿食物选择

月龄	食物质地
4～6个月	稀糊状(米汤、菜汁、果汁、菜泥、果泥)
6～7个月	泥状(烂粥、鱼泥、肝泥、豆腐泥、蛋羹)
8～10个月	碎末状(稠粥、烂面、馒头、碎肉末、碎菜末)
11～12个月	碎块状(软米饭、面条、带馅食品、碎肉、碎菜)
18个月	逐步向成人饮食过渡
3岁	成人饮食

(三)幼儿饮食注意事项

1.蔬菜不能代替水果,水果汁不能代替水果。

2.糊状食物是婴儿的必要食物,不是辅助食品。

3.夏天幼儿的消化功能减弱,要循序渐进地增加新的品种。

4.提供幼儿食品不要以成人喜好为标准。

二、幼儿作息安排

(一)合理作息与幼儿生长发育的关系

1.睡眠有利于幼儿脑细胞的发育。

2.睡眠有利于幼儿身高的增长。

3.睡眠保护幼儿神经系统的正常发育。

4.睡眠是人体精神和体力恢复的必要条件。

5.睡眠对幼儿的健康成长、智力及思维能力的正常发育是极为重要的。

(二)睡眠不足导致的问题

1.烦躁不安。

2.食欲不振。

3.体重不长。

4.抵抗力下降。

5.易生病。

(三)安排一日作息的要点及注意事项

1.坚持按时进餐、睡眠、活动。

①合理安排饮食,保证营养,促进生长发育,合理作息保护消化系统。

②注意睡眠安全,观察睡眠状态。

③根据幼儿的不同月龄生理特点进行安排。

④根据季节特点,冬季早睡;夏季晚些睡,午睡适当延长。

⑤动静结合,脑体结合,室内外结合。

2.不同年龄幼儿的睡眠次数和时间对照表(表8-3-2)。

表8-3-2　不同年龄幼儿睡眠时间表

年龄	次数	白天持续时间/h	夜间持续时间/h	合计/h	活动时间/h	饮食	
						次数	间隔时间/h
2~6个月	3~4	1.5~2	8~10	14~18	1.5~2	6	3.5~4
7~12个月	2~3	2~2.5	10	13~15	2~3	5	4
1~3岁	1~2	1.5~2	10	12~13	3~4	3~4	4

三、幼儿习惯培养

(一)饮食习惯培养

1.注意事项：

①新生儿按需喂养；幼儿按时进食。

②进食环境不要太嘈杂，以免影响进食情绪。

③进食最好一次性喂饱，一次进食时间不要太长。

④不要让幼儿嘴里含着食物玩。

⑤进食位置要固定，不要边走路边进食。

2.幼儿饮食特点：

①消化系统功能尚未发育成熟。

②消化能力弱。

③胃的容量小。

④生长发育迅速。

⑤每日需要营养的量较多。

(二)睡眠习惯培养

1.幼儿良好睡眠习惯的培养。

良好的睡眠习惯是保证幼儿足够睡眠的前提；睡眠利于消除疲劳，利于脑细胞的发育，利于幼儿的生长发育。

(1)幼儿按时独自入睡的训练。

①创造适宜的睡眠环境：安静、光线柔和、温度适宜。

②睡前洗脸、脚、臀或洗澡、按摩。

③排尿一次。

④1岁前清水或淡茶水漱口，1岁后刷牙。

⑤换宽松、柔软的睡衣，冬天用睡袋。

⑥固定乐曲催眠。

⑦不拍、不摇、不抱、不可喂哺催眠。

⑧睡前避免过度兴奋。

⑨到睡觉时间,把幼儿放在小床上,培养其独自睡觉的能力,暂时没睡不要去逗他/她。

(2)注意事项。

①根据月龄合理安排睡眠时间和次数。

②幼儿出生后开始训练,新生儿夜间按需喂奶,切不可因喂奶将其弄醒。

③按时入睡,保证睡眠时间。

④固定时间上床、起床;睡前不进行剧烈活动、不看刺激性电视、不讲可怕故事、不玩新的玩具。

2. 幼儿良好"二便"习惯的培养。

了解幼儿大小便的规律,可培养幼儿定时排便、自己主动坐盆的良好习惯,帮助幼儿在大脑内建立一系列条件反射,提高机体的工作效率,以保证各器官良好的工作和休息,提升他们的自信心,保障健康的行为和生活方式。

(1)幼儿定时大小便习惯的训练。

①养成每天清晨起床后、午睡起床后或临睡前排便的习惯。

②8 个月左右幼儿可以开始坐便盆。

③1 岁半左右幼儿会用不同的方式表示排尿的需要。

④2 岁半左右幼儿自己学会排便。

(2)使用幼儿便器专心排便的训练。

①6 个月以后幼儿可以开始练习坐盆。

②6~8 个月幼儿在固定地方的便盆中进行大小便训练。

③选择安全的幼儿专用便盆。

④冬季便盆不宜太凉。

⑤每次坐盆时间不宜太长,3~5 min 为宜。

⑥练习坐便盆时必须由大人扶着。

⑦观察幼儿大小便规律。

⑧坐盆时不要玩玩具或吃东西。

⑨每天坚持练习坐盆。

⑩便后立即擦净屁股。

⑪便后要洗手,保持良好的卫生习惯。

⑫便盆要经常消毒,保持清洁。

(3)注意事项。

①要有耐心,不可长期使用尿布和穿开裆裤。学会走路后,白天可不用尿布。

②大小便弄脏裤子时不要责怪幼儿,应提醒和引导其坐盆。

③注意观察幼儿大小便信号,及时作出反应。

④幼儿生理成熟程度不同,控制力不同,存在个体差异。

⑤当幼儿学会用动作或语言表示要大小便时，应及时鼓励和表扬。

⑥排便时不喂食和玩玩具。

⑦外出时不要让幼儿随地大小便。

● **任务实施**

幼儿餐食制作。

一、果汁制作

(一)水果选择原则

①新鲜、无裂伤、无碰伤。

②成熟、应季、多汁为首选。

(二)橙汁制作步骤

①将鲜橙横切一刀。

②用榨汁器手工榨汁。

③将橙汁倒入茶漏过滤(图8-3-1)。

④加少许温水(或加点糖)。

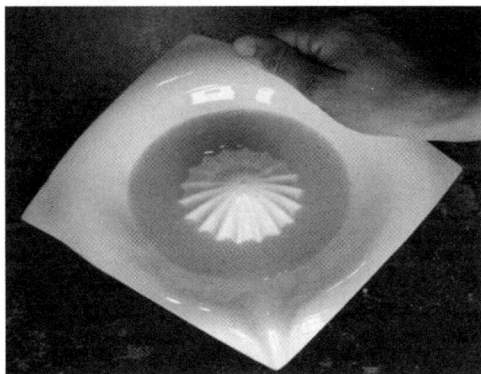

图8-3-1 过滤橙汁

(三)苹果汁(生)制作步骤

①将苹果洗净、去皮、去核。

②将果肉切成小块。

③将果肉放入茶漏中用勺挤出汁。

(四)苹果汁(熟)制作步骤

①将苹果洗净、去皮、去核、切成小块。

②将果肉放入沸水中煮3 min。

③将果肉碾碎再过滤、取汁。

(五)西瓜汁制作步骤

将西瓜瓤放入碗中，用勺捣烂，再用消毒纱布过滤后取汁即成。

二、菜水的制作

(一)胡萝卜水

1. 将胡萝卜洗净,切成小丁。

2. 将胡萝卜丁放入奶锅中,加水没过胡萝卜丁。

3. 煮开后换小火再煮 10 min,用勺压一下,感觉胡萝卜已煮软即可关火。

4. 将胡萝卜水过滤,待晾凉后再食用。

(二)油菜水

1. 取两颗小油菜(6~7 片叶子)洗净、切碎。

2. 锅中放入 50 mL 水,煮开后将碎菜放入锅中,不盖锅盖煮 2~3 min,关火。

3. 将菜水过滤,待晾凉后再食用。

(三)胡萝卜山楂汁

1. 新鲜山楂 1~2 颗,胡萝卜半根。将山楂洗净,每颗切成四瓣。

2. 将半根胡萝卜洗净切碎。将山楂、碎胡萝卜放入炖锅内,先加水煮沸,再用小火煮 15 min,后用纱布过滤取汁。

(四)白萝卜生梨汁

1. 将白萝卜切丝,梨切成薄片。

2. 将白萝卜丝倒入锅内,加清水烧开,用微火炖 10 min 后,加入梨片再煮 5 min,取汁即可食用。

(五)西红柿苹果汁

1. 新鲜西红柿半个,苹果半个。

2. 将西红柿洗净,用开水烫后剥皮,用榨汁机或消毒纱布把汁挤出。

3. 苹果削皮蒸熟或直接榨汁,取 1~2 汤勺兑入西红柿汁中即可。

三、婴儿点心制作

(一)米汤

将锅内水烧开,放入 200 g 淘洗干净的大米,煮开后用文火煮成烂粥,取上层米汤晾凉后即可食用。

(二)果泥

1. 苹果泥:将苹果洗净、去皮,用勺子慢慢刮成泥状即可食用。

2. 木瓜泥:将木瓜洗净,去籽,然后把果肉压成泥状即可食用。

3. 猕猴桃泥:将猕猴桃洗净去皮、去籽,将果肉压成泥即可食用。

4. 香蕉泥:选用成熟香蕉,用勺子将果肉压成泥或者刮出泥即可食用。

(三)蛋黄泥

1. 将鸡蛋煮熟(以蛋黄刚好凝固为宜)。

2.将蛋黄剥出,碾碎,用温开水、米汤、牛奶或肉汤拌匀,用小勺喂给婴儿吃。

(四)青菜泥

1.将适量青菜叶子洗净,加入沸水内煮 1~2 min。

2.取出菜叶,用粉碎机或在铜丝网上研磨,滤出菜泥。

(五)鲜红薯泥

将红薯洗净后去皮,切碎捣烂,稍加温水,放入锅内煮 15 min,待烂熟后加入少许白糖,稍煮即可。

(六)蛋黄土豆泥

1.将蛋黄煮熟后捣碎过滤,把切碎的土豆煮软捣碎。

2.将土豆加入蛋黄和牛奶中进行混合,然后稍微加热即可食用。

(七)蛋黄羹

1.将 1 个生蛋黄加水 1~2 倍,打成蛋汁。

2.置于刚冒气的蒸锅中,微火蒸 10 min 即可。

3.起锅前用筷子拨一下,看蛋羹内部是否已成形,若尚未完全凝固,可再蒸 2~3 min。

(八)全蛋羹

将 1 个生鸡蛋加 1 倍水,打成蛋汁,微火蒸约 10 min。

● **任务评价**

1.制作一款幼儿辅食并拍照分享成果。

2.照顾家中小孩日常起居。

3.讨论照顾小孩的技巧。

● **能力拓展**

学习照顾小孩的技巧之新生儿四肢抚触。

注意:
忌大火猛蒸,否则蛋黄羹会起泡。

小贴士:
待幼儿适应后可以在做蛋羹前加入香菇末、菜末、鱼泥、碎豆腐、虾末等适合相应年龄段幼儿的 1~2 种食物,通过这些变化来让幼儿保持对蛋羹的喜好。

模块三 校园劳动技能

项目九
教学楼及校园卫生

梁军：把拖拉机"开"到人民币上

20 世纪 30 年代初，梁军出生在黑龙江省明水县的一个贫困家庭。父亲在梁军两岁那年就不幸去世，母亲为了生存只好带着年幼的梁军和哥哥改嫁。可惜好景不长，作为家里唯一顶梁柱的继父也意外去世。梁军家的生活条件愈发艰难。眼瞧着，哥哥就到了该结婚的年纪，可没有钱，又怎么能够娶妻生子呢？母亲只好将刚满 11 岁的梁军送到远房表哥家里当童养媳，哥哥的娶亲才有了着落。在那个封闭落后的年代，这种充斥着权钱交易的婚姻是那么司空见惯，压抑了无数女性充斥着血与泪的灵魂！

尽管命运遭此不公，梁军也从来没有自暴自弃，她始终积极抗争，不放过任何一次来之不易的机会。1945 年，黑龙江省全面解放，梁军也摆脱了童养媳的身份，恢复自由之身。此后，梁军选择进入大学深造，进而迎来了她人生中的一大重要转折点。

大学期间一次偶然的机会，梁军观看了一部电影《巾帼英雄》，电影中那位苏联女拖拉机手飒爽的英姿被深深印在梁军心里。一个疯狂的念头在梁军心里生根发芽，并迅速长成参天大树——成为一位拖拉机手。

有想法就去付诸实践，梁军一直把这个梦想深深埋在心里。直到 1948 年，黑龙江省开办了拖拉机驾驶员培训班，梁军知道，机会来了！梁军作为唯一的女性报名参加了这个培训班。在经过一年多如苦行僧一般的训练后，梁军终于以优异的成绩从培训班结业，成为新中国第一位女拖拉机手。

1959年，我国在拖拉机研发技术上取得巨大突破，第一批由我国自主研发的东方红—54型拖拉机顺利抵达黑龙江省。梁军看到东方红的那一瞬间，内心止不住地自豪。她知道，眼前的不仅是一台拖拉机，这更是新中国走向昌盛的象征。得知自己有机会驾驶这辆拖拉机时，梁军兴奋地跳上去操作了一番。还沉浸在喜悦当中的梁军并不知道，自己驾驶"东方红"拖拉机的这一幕被在场的一名记者记录了下来，并被选中印在了第三套人民币的一元纸币背后。直到2003年，梁军才被告知自己就是那个"纸币女孩"。

梁军的一生如同轻舟泛江一般，即使风浪险湍，只要无惧艰险、乘风破浪，就能将生命篇章绘出美丽画卷。

（https://baijiahao. baidu. com/s？ id ＝1726808977372477367&wfr＝spider&for＝pc，有改动）

任务一 教学楼保洁

● 学习目标

1. 了解教学楼保洁的工作内容。
2. 熟悉教室"6S"管理标准。
3. 树立劳动意识。
4. 养成良好的卫生习惯。

● 学习任务

1. 学习教学楼保洁内容及"6S"管理的标准。
2. 给教学楼来一次大清洁。

● 任务导入

教学楼是学生学习的重要场所，干净、明亮、舒适的教学环境不仅有利于营造好的学习氛围，而且能令人心情愉悦。让我们每天坚持对教学楼进行一次清洁，用我们的双手创造良好的学习环境，为美好校园增光添彩！

● 任务准备

扫把、拖把、抹布、清洁剂。

教学楼"6S"管理标准

一、整理

要与不要，一留一弃。

1. 待修教学设备要有明确标识，且注明其故障。

2. 教室不应存放长期闲置和报废的设备，待修设备、桌椅必须在规定时间内修理，以保证正常使用。

3. 教学设备、设施编号标识明确、醒目，电源、空调、柜子标识清晰醒目。

4. 教学记录本摆放规则，记录完整、及时。

5. 展板上的内容应定期清理更换，保持时效性，书写要整齐、干净。

二、整顿

科学布局，取用快捷（图 9-1-1）。

图 9-1-1

1. 桌椅设备应摆放整齐。

2. 教学设备状态良好，能正常使用。

3. 桌椅完好，桌面应无字迹、无杂物、无贴画。

4. 日光灯、开关、插座等电气设备应完好，无灰尘。

5. 拖把、扫帚、抹布使用完毕应清洗干净，并合理、整洁地摆放于指定位置。

6.资料柜标识清楚，柜内物品、资料应分区放置并有目录，保持清洁，明确保管责任人。

7.墙上装饰画、制度应按规定位置固定，颜色搭配合适，字体、字型、字号合适。

8.教学日志及时填写，且应填写完整。

三、清扫

清除垃圾，美化环境。

1.教室的地面、桌面垃圾，每堂课结束后及时清理，地面无果皮纸屑等垃圾，垃圾篓内的垃圾及时清倒，保持室内清洁。

2.白板、黑板及时擦洗，黑板框及粉笔槽无灰。

3.桌椅、设备、空调外壳每天抹一次，保持表面清洁无污渍，无乱涂乱画。

4.电风扇、日光灯及灯架、墙上装饰画至少每月抹一次。

5.投影机、空调过滤网至少每半年清洗一次。

6.电源线、开关、消防器材至少每年检查一次。

四、清洁

洁净环境，贯彻到底(图9-1-2)。

图9-1-2

1.有教室管理制度并监督落实到位。

2.有卫生打扫、检查、保持制度。

3.教室卫生管理责任应明确。

4.教学管理制度应完善。

5.老师、学生都不得在教室及阳台、走廊吸烟。

6.打扫卫生工具应置于规定区域且摆放整洁。

7. 垃圾桶、纸篓应定位摆放并及时清理。

8. 白板、黑板、看板等应干净、整洁。

9. 门框、窗框、玻璃应干净。

10. 天花板、墙面、角落应无蜘蛛网,无尘网。

11. 窗台上不摆放物品,无灰尘。

12. 教学设备应干净、整洁。

13. 教室地面、墙面、桌面、讲台应干净,桌、椅应摆放整齐,并保持整洁。

五、素养

形成制度,养成习惯。

1. 遵守学校各项规章制度,上课期间禁止擅自离开教室。

2. 严格遵守作息时间,学生不迟到、不早退、不无故缺课,授课老师不迟到、不提前下课。

3. 穿戴整齐,不穿背心、拖鞋、短裤进入教学楼。

4. 禁止做与上课无关的事情。

5. 人走灯关,资源节约。

6. 下课应及时关闭教学设备,带走垃圾,关闭总电源。

7. 教学日志应及时记录,不拖拉。

8. 认真听课,严格遵守课堂纪律。

9. 教学楼内不得打闹、嬉戏。

10. 保持心情舒畅,做到高效率学习。

六、安全

加强防控,杜绝事故。

1. 当天教学活动结束后,应及时关闭电源,锁好门窗。

2. 湿雨伞、雨衣等物品应放置在合适的区域。

3. 消防通道应保持畅通、清洁,无堆积物,消防器材保持良好状态,定位摆放。

4. 定期检查电源线、开关、电风扇、日光灯、投影机、主机、显示器等设备。

5. 教师授课使用自带的 U 盘、移动硬盘等设备进行数据备份时,要确保这些存储设备没有携带病毒,严禁使用来历不明或无法确定其是否有病毒的存储介质。

6. 不得坐在二楼以上的窗口或栏杆上。

● **任务实施**

一、教室保洁

（一）检查

进入教室，先查看是否有异常现象、有无损坏的物品。如发现异常，应先向有关部门报告后再进行保洁作业。

（二）推尘

按照先里后外、先上后下、先窗后门、先桌面后地面的顺序，先清扫天花板、墙角上的蜘蛛网和灰尘，接着抹窗户、玻璃、门上的灰尘。

（三）擦拭

从门口开始，由左至右或由右至左，依次擦拭室内桌椅、柜子、讲台和墙壁等。抹布应拧干，擦拭每一件物品时，应先里后外、由高到低。擦墙壁时，重点擦拭门窗、窗台等。操作时，先将湿润的涂水毛头（干净的）装在伸缩杆顶部，沿顶部平行湿润玻璃，然后以垂直下落的顺序湿润其他部分的玻璃。再用干净的抹布擦窗框及窗台，最后用干燥、无毛的棉布擦干玻璃四周和中间的水珠。大幅墙面、天花板等的清洁为定期清除（如每周清洁一次）。电子白板、主控台等电子、电气设备需断电后用干抹布擦拭，以防出现漏电或电线短路现象。

（四）整理

讲台、桌面、控制台上的主要用品，如粉笔盒、粉笔擦等，清洁完后按照原位摆放整齐。

（五）清倒

清倒室内的纸篓、垃圾桶。

（六）更换

收集垃圾并换垃圾袋。

（七）关闭

清洁完后，保洁人员退至门口，环视室内，确认清扫质量，然后关窗、关电、关门。

二、教学楼梯及楼梯间保洁

（1）用抹布将楼梯、走廊过道的栏杆擦干净。

（2）先用扫把将公共楼道、楼梯和楼梯间的垃圾清扫干净，再用拖把将地板拖干净，确保地上干净无污渍。

三、公共卫生间保洁

（一）天花板清理

用长柄扫把清扫天花板、墙面、墙角等的蜘蛛网和灰尘。每周擦拭墙面、天花板、排气扇、镜、卫生间门及门框三次以上。

(二)门窗玻璃门面、墙面清理

用湿抹布配合便池刷清洁玻璃、镜面和墙面上的污迹。

(三)蹲便池、小便池清理

先用夹子夹出大、小便器里的烟头、纸屑等杂物，然后冲水，倒入洁厕剂泡一会儿。洗完后，再用便池刷刷洗。蹲便池、小便池内四周表面及外部表面均要清洗。检查冲水是否正常，有没有堵塞。

(四)洗手盆清理

用清洁剂和百洁布擦洗洗手盆。从左到右抹干净台面，用不掉毛的毛巾从上到下擦拭干净镜子；水龙头也要清洗干净，保持光亮。

(五)地面清理

先清扫地面，再撒上清洁剂，后用水冲洗地面。

(六)更换

收集垃圾并换垃圾袋。

● **任务评价**

1.对清洁任务成果进行拍照并分享。

2.参考他人的成果，小组进行讨论，评出"卫生达人"。

● **能力拓展**

参加志愿者活动，打扫周边社区卫生。

任务二　校园保洁

● **学习目标**

1.了解校园保洁的工作内容。

2.熟悉校园保洁质量标准。

3.增强劳动意识。

4.养成良好的卫生习惯。

● **学习任务**

1.学习校园保洁内容、流程及卫生标准。

2.给校园来一次大清洁。

● **任务导入**

古人说"居移气"，意思指环境可以改变人的气质。干净、舒适、优美的育人环境会激发学生热爱生活、热爱学校、热爱祖国的情感。身处整洁、优美的环境，学生心中就会升腾起一种爱美保洁的意识，自觉规范自己的行为。良好的育人环境，会使学生受到美的熏陶，净化心灵，有助于学生形成高尚的道德情操和思想品德。

● 任务准备

扫把、拖把。

● 知识储备

一、校园道路、人行道保洁

校园道路是指可供各类机动车辆和非机动车辆行驶的道路，人行道指校内道路两侧的人行路和可供师生上下课（班）和休闲行走的小路（图9-2-1）。

图 9-2-1

（一）校园道路和人行道保洁的内容

清扫各种垃圾、树叶，清捡树枝和废弃物，清拔岩石缝中的杂草，清除人行道边上绿化带的树叶杂草，清扫人行道和校园道路上的灰尘等。

（二）保洁质量标准

1. 道路平整干净无垃圾。

2. 道路无枯叶枝和物品。

3. 路灯灯杆干净无张贴。

4. 绿化绿地平整无缺憾。

5. 校园整体漂亮人人夸。

二、广场、台阶、水沟等保洁

(一)校园露天广场、停车场、台阶和房屋周边的水沟的保洁内容

清扫各类垃圾、树叶，清除各种杂草、树枝，清扫或者清洗灰尘，清理明水沟内各种垃圾和杂草。

(二)保洁质量标准

1.广场地面干净、无灰尘、无各种垃圾、无枯叶残枝。

2.运动场内桌椅摆放整齐，桌椅面干净、无垃圾。

3.广场内无堆放物品、无张贴乱挂。

● 任务实施

一、校园道路、人行道保洁

1.根据劳动课安排进行分组、分路段、分区域。明确清扫范围，合理安排清理垃圾、树叶等任务。

2.每天采取分时段收集沿路垃圾，做到定时清扫、及时堆放、及时运送，做到不慢收、不漏收。

3.利用竹扫把对校园道路进行全面清扫。要做到"六不""三净"，即不花扫、漏扫；不见积水(无法排除的积水除外)；不见树叶、纸屑烟头；不漏收堆；不乱倒垃圾(一律送到垃圾中转站)；不随便焚烧垃圾。保持路面干净、路尾干净、人行道干净。

4.进行路面清扫保洁时，垃圾应及时送往中转站，严禁将垃圾随便乱倒，如倒在道路两侧绿化带里等；严禁焚烧垃圾。

5.校园路面清扫保洁要做到：晴天与雨天一个样；主干道与人行道一个样；检查与不检查一个样。

二、广场、停车场、台阶、水沟等保洁

1.对广场、停车场、台阶和楼房周边的水沟进行检查，清理面上的垃圾、树枝、树叶等。

2.对广场、台阶周边的杂草进行清除。

3.用小扫把对广场、停车场、台阶地面进行清尘处理。

4.清理垃圾，运送到垃圾中转站。

5.不得把垃圾和树叶倒到道路两边的绿化带，更不能就地焚烧。

● 任务评价

1.对清洁任务成果进行拍照并分享。

2.参考他人的成果，分小组进行讨论，评出"卫生达人"。

● **能力拓展**

参加志愿者活动，打扫周边社区卫生。

任务三　校园绿化养护

● **学习目标**

1. 了解校园绿化养护的内容。
2. 掌握常见校园植物的养护方法。
3. 能对常见绿植进行基本的养护。
4. 增强劳动意识。

● **学习任务**

1. 学习校园绿化养护的内容。
2. 学习校园常见植物的养护方法。
3. 分片区、分小组对校园绿化带进行保洁与养护。

● **任务导入**

在校内有规划和科学、合理地栽植一些生态林、绿化地和绿篱带，并对校园绿植及绿化带进行保养与维护是建设美丽校园不可缺少的项目，更是建设生态学校、保护校园环境的决定性一环，因此学校师生要积极参与校园绿化工作，为创建绿色、美丽舒适的校园贡献力量。让我们一起用劳动创造我们的美丽校园！

● **任务准备**

花剪、铲子、花洒、扫把、钳子、水管、喷头、肥料。

● **知识储备**

一、校园绿化养护内容

校园绿化养护内容主要包括淋水、开窝培土、修剪、施肥、除草、修剪抹芽、病虫害防治、扶正、补苗等(图 9-3-1)。

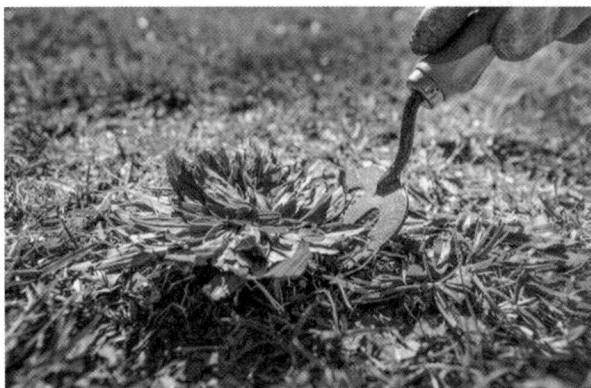

图 9-3-1

三、各类植物的养护

(一)乔木的养护

每年施有机肥料一次,每株施饼肥 0.25 kg;追肥一次,每棵施复合肥、混尿素 0.1 kg,采用穴施、喷洒及水肥等,然后用土覆盖,淋水透彻,水渗透深度为 10 cm 以上。及时防治病虫害。保持树木自然生长状态,无须修剪造型,及时剪除黄枝、病虫枝、荫蔽徒长枝及阻碍车辆通行的下垂枝,并及时清理干净修剪物。每周清除树根周围杂草一次,确保无杂草。

(二)灌木、绿篱、袋苗的养护

每季度施肥一次,每亩地施尿素+复合肥 10 kg 左右,采用撒施及水肥等,施肥后 2~3 h 淋水一次,每间隔 2 到 3 天淋水 1 次(视地面干湿度情况具体来定,雨天除外),水渗透深度为 10 cm 以上。及时防治病虫害。修剪成圆形、方形或锥形的,每周小修一次,每月大修一次。要保证剪口平滑、美观,并及时清除修剪物,及时剪除枯枝、病虫枝,及时补种老、病死植株。每周清除杂草一次。

(三)草本类植物养护

每季度施肥一次,每亩地施尿素+混复合肥 5~8 kg,施肥后 3 h 内淋水一次,每间隔 2 到 3 天淋水 1 次(视地面干湿度情况具体来定,雨天除外),水渗透深度为 10 cm 以上。及时防治病虫害。每周剪除残花一次、清除杂草一次,及时剪除枯枝、黄枝。尤其对于草坪要严格水肥管理,做到见干见湿,防止局部积水,及时喷洒预防性药物,加强常见病害防治,及时补种枯死残缺部分,保证草坪覆盖率达 98% 以上。每月修剪 1~2 次。

三、校园绿化带保洁

保洁维护的主要内容与流程有:清捡绿化地和绿篱带内的各种垃圾、

大树叶，清捡各种树枝和废弃物，清拔绿化地和绿篱带内的杂草，清捡生态树上的干枯树枝并进行合理修剪，科学艺术地整修绿篱带和花草苗木等。

（一）保洁工作流程

1. 首先用耙子把生态网、绿化地、绿篱带地面上的树叶、树枝耙成堆。

2. 再用捡垃圾的夹子把绿化地、绿篱带里的塑料袋、快餐盒、烟头等夹走。

3. 用大竹扫把对生态树、绿化地、绿篱带地面进行清扫。对生态树、绿化地、绿篱带地面上的垃圾、树叶、树枝等进行清理，并运送到垃圾中转站，不得随意乱倒或焚烧。

4. 安排人员进行文明督查，对不文明行为进行劝阻。

（二）保洁标准

1. 绿化带内和生态林内应保持干净、整齐，无各种垃圾，无枯叶残枝。

2. 绿化带无各种废弃物堆放、堆积。

● 任务实施

1. 清捡生态树上的干枯树枝并进行合理修剪，科学艺术地整修绿篱带和花草苗木。

2. 清理绿化带中的枯叶、杂草、垃圾。

3. 给绿植施肥、浇水。

● 任务评价

将绿化养植任务成果拍照并分享。

● 能力拓展

将校区或山林划分区域，学生每人植一棵树，并在树上挂上标有自己姓名、植物名称及种植时间等信息的标牌，毕业时与自己所种的树拍照并与同学分享。

项目十
实训场所卫生

工匠精神

潘从明：从普通冶炼工到"滴水掘金"的大国工匠

1996年，技校毕业的潘从明来到贵金属冶炼厂，被分到蒸馏岗位，负责贵金属的提纯工作。那个时候他才知道，世界上还有比金银更稀有珍贵的金属。而这些金属正是重要的战略储备资源，在军工、航天、医疗等领域不可或缺。我国贵金属储量仅占全球储量的0.39%，资源有限，如果没有一套世界领先的提纯技术，冶炼后的电解镍渣、阳极泥、二次含贵金属物料等，只能作为工业废料被抛弃。我国贵金属提纯工艺起步较晚，20世纪八九十年代的萃取提纯完全依靠人工操作。每一种贵金属提取要经过20多道工序，有200多个技术控制指标。多少原料要添加多少化学试剂，每次搅拌要达到什么程度，过滤时要铺垫几层滤纸？虽然这些流程中都有严格的操作工艺，但由于个别职工没认清其中的利害关系，为偷懒少干活，在流程上缩水，使得产品质量大打折扣。1999年，铂钯班一年提取了16个批次的钯，有9个批次没有生产出纯度99.99%的合格产品。为了解决产品质量不合格的问题，领导安排潘从明到铂钯班跟班作业。

经过整整一年的跟班作业，潘从明发现，溶液每过滤一次颜色都有变化。如果溶液中带有蓝色，说明含有铜杂质；如果溶液偏红色，说明铁元素较高。依靠颜色来判断贵金属精炼次数的做法，颠覆了潘从明的师父们此前的所有经验，上下班组在交接班时只要细辨颜色，就可以准确判断溶液质量是否合格。有了简单明了的判别方法，铂钯产品的合格率得到极大提升。中央电视台"大国工匠"栏目更是将潘从明发明的颜色判别法誉为"滴水掘金"。

为了确保每一批次产品质量合格，使职工从单调的体力劳作中解放出来，潘从明在进一步细化完善操作规程的同时，开始琢磨研制一套设备替代人工操作，并初步形成了设备改造方案。经过两年多的反复实验、优化和改造，一组组大型设备逐步取代了原来的"瓶瓶罐罐"。从手工操作到机械生产，可以说是铂族贵金属提炼的一次革命。

把钻研技术、解决难题当作最大乐趣的潘从明自此踏上了开创有色冶金技术革命的新征程，相继攻克了"银阳极泥中金铂钯清洁工艺、铂钯铑铱高效分离技术、贵金属废气净化与回收"等三大世界性技术难题，彻底改变了我国贵金属冶炼长期依赖国外技术的局面，推动了我国贵金属冶金技术向高、精、尖发展的进程。

（https://mp.weixin.qq.com/s/tAJKc-1ckdVuEm5zvGXy9w，有改动）

任务一　实训场所清洁

● 学习目标

1. 了解实训场所清洁内容与步骤。
2. 掌握实训场所"6S"管理标准。
3. 掌握实训场所清洁的工作技巧。
4. 养成良好的劳动卫生习惯。

● 学习任务

了解实训场所的清洁内容，熟悉实训场所"6S"管理标准，在实训过程中和实训完成后，对自己的工作台位以及实训室的其他区域按照清洁内容标准完成清洁任务。

● 任务导入

通过展示实训场所要求达到的效果图，引导同学们对照当前实训场所，以"找不用"的类似游戏的方式，落实到实训场地中没有按照要求实施到位的每一个角落。

● 任务准备

清洁工具。

● 知识储备

"6S"即整理（seiri）、整顿（seiton）、清扫（seiso）、清洁（seiketsu）、素

养(shitsuke)、安全(security)，"6S"和"5S"管理一样兴起于日本企业。因整理、整顿、清扫、清洁、素养、安全的日文罗马标注发音的英文单词都以"S"开头，所以简称"6S"管理。实训室"6S"管理标准主要包括哪些呢?

一、整理

要与不要，一留一弃。

1. 待修实训设备要有明确标识，且注明其故障。

2. 实训室里没有长期闲置和报废设备，待修设备必须在规定时间内修理，以保证正常使用，实训室里没有多余的或无关的物品。

3. 实训设备、学生台位编号标识明确、醒目，电源、空调、文件柜标识清晰醒目。

4. 实训室使用记录填写完整及时，摆放整齐。

5. 各类电缆线、电源线应捆扎整齐，走线合理规范，方便清扫并保持干净。

6. 看板上的内容要定期清理更换，保持时效性，书写要整齐干净。

二、整顿

科学布局，取用快捷。

1. 桌椅、实训等设备固定摆放、有条不紊。

2. 实训设备状态良好，能正常使用。

3. 桌椅完好，桌面无字迹、无杂物、无贴画。

4. 日光灯、开关、插座等电气设备完好，无灰尘。

5. 待修实训设备标识明确，且在规定时间内能恢复使用。

6. 拖把、扫帚、抹布使用完毕应清洗干净，并合理、整洁地摆放于指定位置。

7. 阳台上没有堆放废弃物。

8. 文件柜标识清楚，柜内物品、资料分区放置并有目录，保持清洁，明确保管责任人。

9. 墙上装饰画、制度按规定位置固定，颜色搭配合适，字体、字型、字号合适。

10. 实训室日志及时填写，且填写完整(包括日期、周次、星期、设备状况和维护情况等)。

11. 实训室管理制度完善，并严格执行。

三、清扫

清除垃圾，美化环境。

1. 实训室内的地面实现天天维护，每堂课结束后及时清扫。

2. 实训台位、地面无果皮纸屑等垃圾，无积水，垃圾篓内的垃圾及时清倒。

3. 白板、黑板擦洗及时，黑板框及粉笔槽内无灰。

4. 实训室内的桌椅、设备、空调外壳每周至少擦一次，保持表面清洁无污渍，无乱涂乱画。

5. 电风扇、日光灯灯管和灯架以及墙上装饰画至少每个月擦一次。

6. 投影机、空调过滤网至少每半年清洗一次。

7. 电源线、开关、消防器材至少每年检查一次。

四、清洁

洁净环境，贯彻到底。

1. 有实训室管理制度，并将制度落实到位。

2. 实训室卫生管理责任明确。

3. 地面、墙面、桌面以及实训台保持干净。

4. 老师、学生都不得在实训室及走廊等场所吸烟。

5. 打扫卫生工具置于规定区域且摆放整洁。

6. 垃圾桶、纸篓筐定位摆放并及时清理。

7. 白板、黑板、看板等要干净、整洁。

8. 门框、窗框、玻璃干净。

9. 天花板、墙面、角落无蜘蛛网，无尘网。

10. 窗台上不放物品，无灰尘。

11. 实训设备应保持干净、整洁。

12. 桌、椅摆放整齐，并保持整洁。

13. 实训室看板上的内容规范、整洁并及时填写和擦除。

五、素养

形成制度，养成习惯。

1. 遵守学校各项规章制度，实训或上课期间禁止擅自离开实训室。

2. 严格遵守作息时间，学生不迟到、不早退、不无故缺课，授课老师不迟到、不提前下课。

3. 穿戴整齐，不准穿背心、拖鞋、短裤进入实训室内。禁止上课时间穿着与实训室工作环境不协调的服装进入实训室。

4. 禁止做与上课或实训无关的事情。

5. 人走灯关，节约资源。下课及时关闭实训设备，带走垃圾，关闭总电源。

6. 及时记录实训室运行情况。

7. 认真听课，严格遵守课堂纪律。

8. 进入实训室后不玩游戏，不得打电话、接电话。

9. 实训期间禁止闲谈或大声喧哗。

六、安全

加强防控，杜绝事故。

1.建立系统的安全管理机制。

2.加强师生员工和实训室管理人员的安全教育，提高安全意识，改进安全措施。

3.实训结束后，及时关闭电源，锁好门窗。学期结束后检查所有实训室的电源、设备、门窗、锁，贴好封条。

4.湿雨伞、雨衣等物品放置在合适的区域。

5.应急灯等照明设施应齐全完好，保持干净。

6.消防通道保持畅通、清洁，无堆积物，消防器材保持良好状态，定位摆放。

7.定期检查电源线、开关、电风扇、日光灯、投影机、主机、显示器等设备。

8.教师实训授课使用自带的 U 盘、移动硬盘等设备进行数据备份时，要确保这些存储设备没有携带病毒，严禁使用来历不明或无法确定其是否有病毒的存储介质。

● **任务实施**

选定实训上课的实训室，按照"6S"管理标准开展清洁工作。

步骤如下：

(一)初步检查整理整顿情况

1.是否已经按照整理整顿的要求，对场地进行了整理。

2.检查所有电子仪器仪表是否均关闭。

3.检查场地中是否有其他的安全隐患。

(二)开展清洁工作

1.推尘。推尘要按照先里后外、先上后下、先窗后门、先桌面后地面的顺序，先清扫天花板、墙角上的蜘蛛网和灰尘，接着抹窗户、玻璃、门上的灰尘。实验器材等设备挪动后要原位摆好。

2.擦拭。从门口开始，由左至右或由右至左，依次擦拭室内桌椅、柜子、讲台和墙壁等。抹布应拧干，擦拭每一件物品时，应按照由高到低、先里后外的顺序进行。擦墙壁时，重点擦拭门窗、窗台等。操作时，先将湿润的涂水毛头(干净的)装在伸缩杆顶部，沿顶部平行湿润玻璃，然后以垂直下落法湿润其他部分的玻璃。再用干净的抹布擦干净窗框及窗台，最后用干燥、无毛的棉布擦干玻璃四周和中间的水珠。电子白板、主控台等电子、电气设备需断电后用干抹布擦拭。

3.整理。讲台、桌面、控制台、实验台上的主要用品，如粉笔盒、粉笔擦、实验器材等擦干净后，应按照原位摆放整齐。

4.清倒。清倒实训室内的纸篓、垃圾桶。

5.更换。收集垃圾并换垃圾袋。

6.关闭。清洁结束后，保洁人员退至门口，环视室内，确认清扫质量，然后关窗、关电、关门。

● **任务评价**

1.对清洁任务成果进行拍照并分享。

2.参考他人的成果，进行小组讨论，并向大家分享经验。

● **能力拓展**

1.观看更多有关实训室"6S"管理的视频。

2.制作"6S"管理宣传卡，特别是清洁这一项的宣传卡。

任务二　设施、设备维护

实训场地设施、设备的基本维护和正确使用是实训室管理和安全管理的重中之重。近年来高校发生了多起实训室安全事故，很大部分原因就是没有做好安全防护措施，或者没有做好日常的维护与检查而造成的，因此认真做好设施、设备的日常维护及设备的安全检查，保证安全生产和实习实训的正常进行非常重要。

● **学习目标**

1.掌握实训室设施、设备的正确维护和保养的方法。

2.了解设施、设备运行和应用时的安全常识。

3.学会正确使用和维护实训设备、设施。

4.树立劳动安全意识。

● **学习任务**

1.了解设施、设备运行和应用时的安全常识、注意事项。

2.按照正确的步骤和方法对实训设备进行定期的保养。

3.学会正确处置突发的安全事故。

● **任务导入**

2017年，上海某高校化学实验室发生爆炸事故，造成一名本科生被炸伤致残。

2018年，北京某高校实验室发生爆炸事故，造成三人死亡。经查事故为实验反应中氢气爆炸。

安全在于防范,事故出于麻痹!开展实训室的设施、设备安全教育,定期对存在运行危险的设施、设备进行维护,势在必行。

● **任务准备**

1.准备电子仪器清洁所需的材料和工具,例如电子仪器环保清洁剂、无尘布和柔软毛刷等。

2.准备设施、设备日常维护登记单,对维护日期、维护项目、维护责任人等进行实时登记。

3.设置警示标志项。对存在需要进行警示标志的地方,或者设施、设备在运行过程中可能存在危险的地方,要进行安全警示。

4.建立日常维护台账。

● **知识储备**

一、安全制度与职责

1.建立实训室安全管理制度。高校作为危险化学品使用单位,自然不是法外之地,也要遵守《安全生产法》《职业病防治法》《危险化学品安全管理条例》等法律法规及地方行政法规的要求。

2.履行安全管理职责。高校的管理体制与企业略有不同,但也有相似之处,按照"党政同责、一岗双责、齐抓共管、失职追责"和"管行业必须管安全,管业务必须管安全,管生产经营必须管安全"的责任制体系要求,学校的主要负责人与企业的主要负责人应担负起同样的安全管理职责。图10-2-1所示为单位主要负责人安全职责。

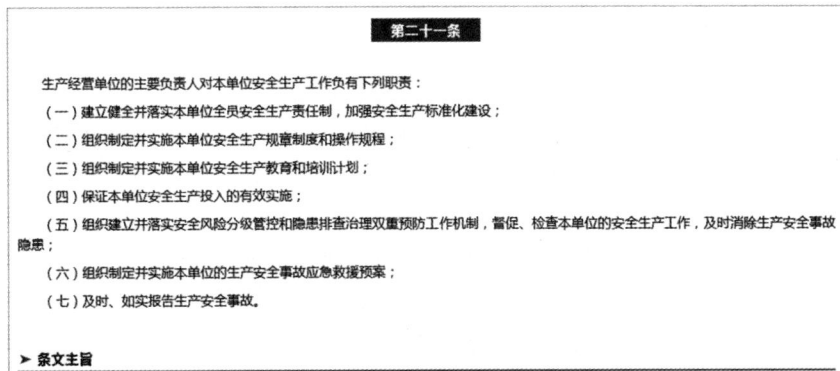

第二十一条

生产经营单位的主要负责人对本单位安全生产工作负有下列职责:

(一)建立健全并落实本单位全员安全生产责任制,加强安全生产标准化建设;

(二)组织制定并实施本单位安全生产规章制度和操作规程;

(三)组织制定并实施本单位安全生产教育和培训计划;

(四)保证本单位安全生产投入的有效实施;

(五)组织建立并落实安全风险分级管控和隐患排查治理双重预防工作机制,督促、检查本单位的安全生产工作,及时消除生产安全事故隐患;

(六)组织制定并实施本单位的生产安全事故应急救援预案;

(七)及时、如实报告生产安全事故。

▶ 条文主旨

图10-2-1　单位主要负责人安全职责

学校各院系和实训室相当于各企业的生产部门和车间,应履行相应的安全管理职责:

①组织或者参与拟订本单位实训室安全规章制度、操作规程和安全事故应急救援预案。

②组织或者参与本单位安全生产教育和培训，如实记录安全教育和培训情况。

③督促落实本单位重大危险源的安全管理措施。

④组织或者参与本单位应急救援演练。

⑤检查本单位的实验室安全状况，及时排查安全事故隐患，提出改进建议。

⑥制止和纠正违章指挥、强令冒险作业、违反操作规程的行为。

⑦督促落实本单位整改措施。

图10-2-2所示为安全生产管理人员职责。

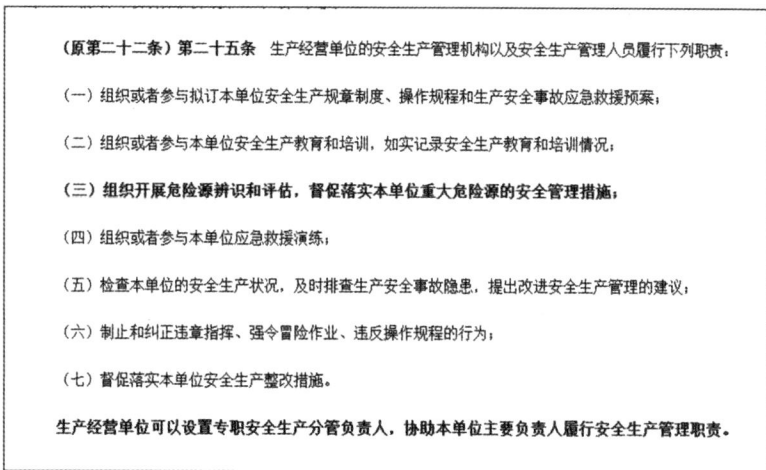

> （原第二十二条）第二十五条　生产经营单位的安全生产管理机构以及安全生产管理人员履行下列职责：
>
> （一）组织或者参与拟订本单位安全生产规章制度、操作规程和生产安全事故应急救援预案；
>
> （二）组织或者参与本单位安全生产教育和培训，如实记录安全生产教育和培训情况；
>
> **（三）组织开展危险源辨识和评估，督促落实本单位重大危险源的安全管理措施；**
>
> （四）组织或者参与本单位应急救援演练；
>
> （五）检查本单位的安全生产状况，及时排查生产安全事故隐患，提出改进安全生产管理的建议；
>
> （六）制止和纠正违章指挥、强令冒险作业、违反操作规程的行为；
>
> （七）督促落实本单位安全生产整改措施。
>
> **生产经营单位可以设置专职安全生产分管负责人，协助本单位主要负责人履行安全生产管理职责。**

图10-2-2　安全生产管理人员职责

教育部《高等学校实验室安全检查项目表（2022）》也对高校提出了类似的管理要求。

有的高校有固定的场所储存危险化学品，也有的是直接分散储存在实训室内，无论采用何种形式，都应符合《危险化学品安全管理条例》的规定，具体有几点重点管理要求：

①设置相应的监测、监控、通风、防晒、调温、防火、灭火、防爆、泄压、防毒、中和、防潮、防雷、防静电、防腐、防泄漏以及防护围堤或者隔离操作等安全设施、设备，并对安全设施、设备进行经常性维护、保养，保证安全设施、设备的正常使用。

②设置明显的安全警示标志（图10-2-3）。

图 10-2-3 设立安全警示标志

③设置通信、报警装置，并保证处于适用状态。

④储存剧毒化学品或者国务院公安部门规定的可用于制造爆炸物品的危险化学品(以下简称易制爆危险化学品)的单位，应当如实记录其生产、储存的剧毒化学品、易制爆危险化学品的数量、流向，并采取必要的安全防范措施，防止剧毒化学品、易制爆危险化学品丢失或者被盗。

⑤发现剧毒化学品、易制爆危险化学品丢失或者被盗的，应当立即向当地公安机关报告。

⑥储存剧毒化学品、易制爆危险化学品的单位，应当设置治安保卫机构，配备专职治安保卫人员。

⑦危险化学品专用仓库应当符合国家标准、行业标准的要求，并设置明显的标志。储存剧毒化学品、易制爆危险化学品的专用仓库，应当按照国家有关规定设置相应的技术防范设施。储存危险化学品的单位应当对其危险化学品专用仓库的安全设施、设备定期进行检测、检验。

二、日常维护与保养

1.实训室设施、设备使用前，老师应先介绍使用规范和注意事项，学生使用前，要熟读设施、设备的说明书，并严格按照说明书的指导使用。

2.存放或放置相关设施和设备时，显示器不能长时间受阳光直射。

3.设施、设备在使用中途，除非有特殊原因，间隔半小时以上时应该及时关闭设施、设备的电源开关。

4.开启设施、设备的电源之前应将其放到稳固的工作操作台上，避免放置不稳导致跌落造成人员伤害。

5.如果发现机器有故障，要马上断电。比如在使用过程当中出现冒烟、有焦味或光栅异常都应该立即关机，及时联系专业维修人员，避免造成重大损失。

6. 设施、设备的保养维护一定要注意防潮湿侵蚀：潮湿不仅会降低高压部件绝缘性能，引起打火、散热等不良现象，而且金属印刷铜箔和元器件引脚容易受到腐蚀和损坏。在潮湿的梅雨天，即使不使用仪器，也要定期通电打开 1~2 h，利用本机热量驱散潮气，在我国潮湿的南方使用时更要注意把仪器定期(每月一次、雨季时半月一次)通电打开驱散潮气。

7. 设施、设备要正常开关机，而且不能频繁开关机操作。

8. 注意设施、设备的防尘、防酸、防碱和防盐处理。一般的电子设备长期工作在含酸、碱、盐的工作环境中，电路板的电子器件会被污染，存在各种安全隐患。

9. 通风散热要及时。保证良好的通风散热条件。

10. 定期对设施、设备等进行校准，通过校准，可以有效降低因环境产生的测量误差。

11. 减少挪动，轻拿轻放。

12. 长时间不使用的电子设备，要断开电源线；有电池的要取出电池，避免电池酸、碱液流出腐蚀表内零件。

13. 机床、机器人机械臂等在使用过程中有危险的要设置警示标志。

● **任务实施**

一、电子类实训设备的日常维护与安全检查

对数字万用表、数字示波器、直流稳压电源、辅助导线进行正常清洁维护的步骤如下：

1. 断电：检查所有的电子仪器前均要断电，不可通电。

2. 清洁：电子设备的清洁主要是面板按钮和显示器的灰尘清理。用电子仪器环保清洁剂喷出少许清洁剂在面板上，依次用无尘布对数字万用表、数字示波器、直流稳压电源的仪器外表进行擦拭清洁，直至面板洁净无灰尘。

3. 维护：清洁完毕以后，目视检查电子仪器的清洁是否完毕，完毕以后，给电子仪器加上防尘布(防尘罩)。

4. 检查辅助导线的好坏。

①辅助导线绝缘外皮应光滑、完整、无破损、无裂痕。

②辅助导线内部通断检查：用数字万用表检测辅助导线内部导线的通断，如果是断线应予以更换。

二、机械类实训设备的日常维护与安全检查

1. 健全机械类基础实训室安全与卫生制度。实训室应备有防火、防盗、防触电和其他安全措施，以保证实训教学安全顺利地进行；实训室内仪器设备要摆放整齐，各种安全设施状态完好，实训人员会使用安全器

材；严格遵守仪器设备操作规程，及时排除事故隐患和事故苗头，实训人员离开实训室时要切断仪器设备和照明灯的电源；实训室应保持干净、整洁，为教学营造良好氛围和条件。

2.规范机械类基础实训室学生规章制度。学生必须按照规定的时间进行实训；要保持室内清洁、整齐，不准大声喧哗，只准许携带与本实训有关的书籍文具；课前认真阅读实训指导书，只有在完全弄清仪器各部分功用及操作方法之后，才可动用仪器设备，如有疑难，要向教师提问；凡是电气设备，实训完毕后应及时断电；实训中要仔细操作，爱护仪器，凡与本实训无关的设备不准乱动；在实训过程中，不按操作规范而由于主观原因损坏仪器设备者按损坏价值全额赔偿。实训完毕后清理仪器设备及周围环境，经实训教师检查并在实训报告上签字后，学生方可离开实训室。

3.机械类基础实训室仪器、设备故障诊断方法。

仪器、设备故障及诊断方法有：

①异常振动法。正常运行的仪器、设备都有其特定的频谱形状，设备的不同故障往往有不同的离散频率的振动与其相对应。

②异常声音识别法。例如，机械原理实验室飞轮调速实验台在工作时，传动平稳，噪声极微，仅有弹簧加载器的撞击声。如发现噪声变大，应检查零件是否异常。

③材质劣化。所谓材质劣化，就是指构成设备的材料比开始使用前发生了某些变化，从而使材料的性能明显地下降。

④松动。在振动多的场所，容易引起螺栓、螺母和螺钉的松动。例如：机械原理实验室飞轮调速实验是通过机械系统的动力学调速实验，观察机械的周期性速度波动现象。此实验在机器停用时，应检查飞轮调速实验台所有紧固螺母，对于松动螺母应重新紧固。

4.机械类基础实训室维修方法和措施。机械类基础实训室常用维修策略包括本部门维修、学校维修和外协维修。其中本部门维修是指采用自行维修方式修复设备、仪器。自行维修又包括状态维修、定期维修、改善性维修、事后维修和预防性维修等。对不同的维护对象采用不同的维修方法：例如，螺栓组联接实验台要经常检测设备导线连接是否完好，电阻应变片是否老化，如果老化，数据不准就应及时更换电阻应变片，在螺栓上其对称的两侧各贴一个电阻应变片。在螺栓上粘贴应变片时，螺栓首先要进行表面处理，用丙酮来擦拭螺栓表面，以获得清洁、干燥、新鲜的表面；然后在电阻应变片背面涂502胶，再晾置片刻，以吸收空气中的微量水分，实现固化。再将晾置适宜的电阻应变片与螺栓表面紧密粘贴在一起，最后把螺栓上的应变片引出端用导线连接到试验台上的接线柱上，这样就完成了本设备的修复过程。

带传动实验台要经常检测变阻器(灯泡)的好坏，要及时更换损坏的灯泡，操纵控制部分中的线路板、调整电位器、指示灯丝等都属于易损坏部分，要经常检测、及时更换。对仪器、设备要经常进行日常检查、维护保养、设备润滑、常规检修等，例如，螺栓组联接实验台，螺栓和螺母之间要进行机油润滑、保养，避免螺栓和螺母之间生锈。滑动轴承实验台箱体内的油要检查是否够用，以免导致压力表的计数不准。带传动实验台要检查它的传动带是否老化，要经常进行维护保养，以延长传动带的使用寿命，只有这样才能改善设备的运行环境，保持原有性能和精度。除此之外，还要采取各种检查手段，提前发现设备隐患，尽量降低故障发生频次，保证仪器、设备平稳运行。

若在自行维修方式下，仍无法修复设备、仪器，则采用学校维修方式。这是由学校维修部门负责维修的一种方法。

外协维修包括厂家或专门维修设备的单位维修和购置设备配件维修。厂家或专门维修设备的单位维修：由申请单位寻找联络厂家或维修单位，并与其初步进行维修方案和维修费用的商议。购置设备配件维修：凡确定通过购置设备配件进行维修的设备，要有设备维修账目和配件验收单。

5.对于老化仪器、设备的管理和维修。常见的老化部件和相应的故障模式主要包括：橡胶、塑料有机物部件老化，例如，螺栓组联接实验台的橡胶垫片的老化；润滑油、压力油老化，例如滑动轴承试验台的润滑油老化；金属部件的老化，例如，螺栓疲劳变形；电子部件老化，例如，电阻应变片的老化，切换开关、继电器等部件的老化；电气设备绝缘老化、氧化等。应列出老化仪器、设备的故障部件清单，确定维修方式，最终达到重新使用设备、仪器的目的。

● 任务评价

1.对设施、设备的保养清洁成果进行拍照，并分享给大家。
2.对比他人的清洁保养拍照成果，小组讨论需要改进的措施。

● 能力拓展

观看视频：实验室十万分之一电子分析天平的日常清洁维护。

项目十一
环保与节能

许杏桃：用科技创新书写节电人生

　　二十世纪八九十年代，江苏苏北农村配电线路的综合线损几乎达到用电量的一半。电压低、损耗过高成了当时农村用电的"老大难"问题。

　　1991年，刚到泰州市兴化市供电局工作的许杏桃发现，即便是炎炎夏日，许多农民宁愿汗流浃背，也不愿开家里的电风扇。同时，因为配电线路电压低，经常造成电机无法启动甚至被烧毁。

　　于是，他白天深入农村、工厂、变电站，与农民、企业电工和电力技术人员探讨、求证；晚上埋头研读书籍，寻找、求解问题的答案。通宵达旦成为他工作的常态，满眼血丝、头发蓬乱是他在同事眼中的印象。凭借这股"疯劲"，许杏桃发现造成电网电能损耗大、电压不稳的一个重要原因是电网建设和管理中"无功电压"应用水平的低下。落后的电网现状触动了许杏桃的心，强烈的责任感和使命感促使他下定决心———一定要用自己所学的知识和长期积累的实践经验解决这一难题，并把它作为自己毕生的追求。

　　1997年1月，许杏桃调入泰州供电公司，继续从事线损管理。当时，他在线损专业内已小有名气，但他并没有满足现状，继续在"无功电压"应用技术上进行探索革新。1999年至2006年，他带领团队先后研制开发了一系列技术成果，其中"10 kV及以下配电网无功电压优化控制系统"在我国广大的贫困地区农村电网大面积推广使用，解决了长期困扰贫困地区农民用电和农业发展的电力问题。这个系统让许杏桃获得了国家科学技术进步奖二等奖。许杏桃主导研发的一系列科技成果有着良好的市场前景，一家私企老板想用高薪把他"挖走"。面对诱惑，许杏桃断然拒绝。一些朋友说许杏桃"傻"。可他说："我很清楚这些技术从何而来！如果省电力公司不给科研经费，泰州公司不给挂网运行，哪来今天的成熟产品？"如果说"疯劲"成就了许杏桃的事业，这股"傻劲"则体现了他无私奉献的情怀。

（https://news.bjx.com.cn/html/20150609/628298-1.shtml）

任务一　环保与节能校园宣传

● 学习目标

1. 了解有关校园环保与节能要求。
2. 掌握日常环保节能技巧。
3. 能主动践行环保节能行动，并做好宣传工作。
4. 增强社会责任心。

● 学习任务

保护环境，人人有责。要让中华大地的天更蓝、山更绿、水更清、环境更优美，需要动员全社会力量推进生态文明建设，需要我们把保护环境化为自觉行动。通过组织校园内外环保与节能宣传策划的主题活动，来宣传保护我们赖以生存的地球、水、空气、光、热及各种能源等，只有保护环境，才能保护我们人类自己，才能使人类文明发展得更远，让人类的生活环境更舒适。

● 任务导入

为了学校更好的发展，师生共建绿色校园、节能型校园，我们需要开展绿色校园环保节能行动，让我们通过实际行动，从我做起，从身边小事做起，逐步形成全校节约能源、保护环境的良好氛围吧！

● 知识窗

知识储备

中华人民共和国
环保法律法规

● **任务准备**

1.绿色校园、环保节能的知识资料准备。

2.以小组为单位做好环保节能宣传。

● **知识储备**

一、日常环保节能小知识

(一)节约用水

1.用盆和桶接水来洗东西比直接用水冲洗更省水。

2.淘米水可用来洗菜或洗碗,洗完菜的自来水可用于浇花,残余茶水可用来擦家具。

3.菜先拣后洗,能够避免浪费水。

4.将用洗洁精洗瓜果蔬菜改为盐水浸泡冲洗。

5.将老式旋转式水龙头换为节水龙头。

6.洗衣机漂洗的水可作为下一批衣服洗涤用水,最后一次的洗涤水可用来拖地、洗拖把或冲厕所。

7.集中洗涤衣物,少量小件衣物可手洗。使用适量无磷低泡洗衣粉,可减少漂洗次数并降低废水的污染程度。

(二)绿色节电(图11-1-1)

图11-1-1　绿色节电

1.空调。

①根据居住空间实际需要选择空调功率。

②夏季使用空调时温度设置在26℃,冬季不高于25℃。

2.照明。

①使用节能灯(和普通白炽灯相比,节能灯耗电及热辐射减少80%,

使用寿命延长 8 倍)。

②随手关灯。

③充分利用天然采光, 减少室内光源能耗。

④尽可能使用可调光。

3. 热水器。

①燃气热水器比电热水器更节能、环保。

②不使用时, 关闭热水器开关。

③如条件允许, 尽可能采用太阳能热水器。

4. 使用每个插孔有独立开关的节能型插线板, 以控制待机能耗, 确保用电安全。

5. 电脑、电视机及时关机, 不待机。

(三)倡导绿色消费理念(图 11-1-2)

1. 选用绿色食品或有机食品。

2. 买菜和购物用环保袋或菜篮子。

3. 购买家电选用节能环保的产品。

4. 装修居室选用环保建材。

5. 购买汽车要选低排放、省油、节能的。

6. 不使用一次性筷子、餐盒、塑料袋等物品。

7. 选用无磷洗衣粉、洗涤剂。

8. 不吃野味。

9. 不购买豪华包装的产品。

10. 饭店吃饭不奢侈浪费, 剩余的饭菜打包回家。

11. 购买二手或者翻新的物品。

12. 购买可循环利用的产品。

13. 少买不必要的衣服。

图 11-1-2　绿色消费, 你行动了吗?

(四)倡导绿色出行(图 11-1-3)

1. 多乘坐公交车和地铁等公共交通工具。

2. 骑自行车,节能又方便。

3. 路程不远时步行,健康又环保。

4. 养成文明驾车的好习惯,合理保养爱车。

5. 积极响应"每月少开一天车"的环保公益活动。

图 11-1-3　绿色低碳文明出行

二、校园环保与节能要求

1. 不随地吐痰、不随意踩踏草坪、不乱涂乱画。

2. 废旧物品不乱扔、回收废旧,保护校园,举手之劳。

3. 节约每一滴水从我做起。

4. 珍视生命,保护地球。

5. 养成人走灯灭、人离电停的习惯。

6. 光线充足时不要开灯,养成人少时关闭部分灯的好习惯,杜绝白昼灯、长明灯。

7. 关闭一切不必要的用电设备,减少电脑显示屏、打印机、复印机和其他用电器的待机时间。

8. 合理设置空调温度,夏季不低于 26℃,冬季不高于 25℃,杜绝空调和门窗同时打开的浪费现象发生。

9. 不使用一次性筷子。

10. 节约粮食,杜绝浪费。

11. 垃圾要分类投放。

12. 尽量乘坐公共汽车,骑自行车。

13. 尽量使用再生纸。

● 任务实施

1. 绿色文明校园从我做起。

①着装整洁得体，仪容端庄。

②行为举止高雅，谈吐文明。

③爱护学校花草树木，节约用水。

④乘坐电梯遵守秩序，先下后上，相互礼让。

⑤遵守学校环境卫生的有关规定，保持学校环境卫生，不随地吐痰、不乱扔杂物。

⑥文明如厕，保持卫生间清洁，爱护其设施。

⑦上课时遵守课堂纪律，候课时不在楼道内大声喧哗。

⑧爱护教室设施，合理使用教学设备，保持干净整洁的教学环境。

⑨汽车、电动车、自行车停车入位，摆放有序。

⑩不在教学楼内的教室、办公室、楼道楼梯、卫生间及公共场所吸烟。

⑪观看教学展演展示、视听公共课讲座、参加会议等活动时，主动服从现场管理，遵守秩序，爱护礼堂、会议室等设施。

⑫进行教学和汇报演出活动时，合理使用场地及设施设备，降低环境噪声分贝，防止影响学校周围单位和居民正常工作和生活。

⑬自觉遵守学校的各项规章制度，尊师爱友、团结和睦，共同营造绿色健康的学习氛围和积极向上的工作环境。

⑭参加学校在本市组织的和赴外省、市的教学汇报演出、比赛或游学活动时，保障安全，遵守纪律，尊重当地风俗习惯、文化传统；爱护文物古迹、风景名胜、旅游设施。

⑮如遇突发事件发生，服从学校统一指挥，配合应急处置。

⑯遵守网络信息管理的法律法规和有关规定，维护微信群安全和秩序，自觉抵制不良信息，不传播网络谣言。

2. 做好环保节能的宣传。

通过板报、主题班会及志愿者活动等方式开展绿色环保宣传。

● 任务评价

1. 制订"绿色校园，从我做起"的个人计划，并将实施情况拍照分享。

2. 根据全班同学的"绿色校园，从我做起"的个人计划及实施情况，评选出"环保达人"，并请他/她向大家分享经验。

● 能力拓展

1. 观看视频"低碳生活方式：健康自然安全环保的生活方式"。

2. 参加志愿者活动，开展绿色环保宣传。

任务二　变废为宝

学习目标

1. 掌握废物利用小常识。
2. 具备废物利用动手能力。
3. 具有创新思维。
4. 树立环保与节约意识。

学习任务

1. 搜集变废为宝的资料。
2. 利用废物制作手工作品。
3. 展示变废为宝作品。

任务导入

艰苦朴素、勤俭节约是我国的传统美德。变废为宝是建设节约型校园、节约型社会的方法之一。有人说："没有真正的垃圾，只有放错地方的资源。"对看似无用的"垃圾"进行回收利用，既减少了污染，又节约了能源，真可谓一举两得。在现实生活中，我们应以"变废为宝"的眼光来看待各种垃圾，不能盲目、随意地丢弃，要看到它的深层次价值，最大限度开发它的价值。

任务准备

蓝色垃圾袋、铁丝、绿丝带、废铁制衣架、瓶盖、剪刀。

知识储备

一、何谓变废为宝?

变废为宝是将自己已经用过的将要或已废弃的东西，用一些巧妙的方法，使之再次为自己服务，为自己所用。废物利用不仅能减少垃圾，而且还能减少开销。变废为宝的方法有两种：

(一)改变自身属性

正所谓"变则通"，如果对"废物"进行合理的加工、改造、拆分或重组，它就有可能释放潜在的使用价值，变废为宝。最典型的例子就是石油——刚开采出来的石油是多种烃的混合物，黑乎乎、黏黏的，看似没有什么用处，但经过层层地蒸馏，却可以获得各种汽油、柴油、润滑油、航空汽油、聚乙烯……就连剩下的残渣都是生产蜡烛、沥青的主要原料。所以不存在绝对的废物，只是我们还没找到改变它们的方法。

(二)改变外部条件

中国有句古话，"橘生淮南则为橘，生于淮北则为枳"。这说明，对于同一个事物，外部环境的不同可能导致其产生不同的发展方向。在某处被认为是"废物"，移到另一个地方，就可能变成"宝物"。这样的例子有很多，比如黑白电视，在中国是早就淘汰了的东西，可是在非洲市场却大受欢迎，因为黑白电视廉价、实用，它对于贫穷的非洲国家而言是最经济的选择。所以不存在绝对的废物，只是我们还没找到能让它们发光的地方。

二、废物巧利用

(一)鸡蛋壳的妙用

1. 制作小工艺品。在完整的空蛋壳上涂上油彩可使其成为工艺美术品（图11-2-1）。

图 11-2-1　蛋壳创意

2. 使皮肤细腻滑润。把蛋壳内一层蛋清收集起来，加一小匙奶粉和蜂蜜，拌成糊状，洗脸后，把调好的蛋糊涂抹在脸上，过 30 min 后洗去，常用此法会使脸部肌肉细腻滑润。

3. 治小儿软骨病。鸡蛋壳含有90%以上的碳酸钙和少许碳酸钠、磷酸氢等物质，碾成粉末内服，可治小儿软骨病。

4. 防家禽、家畜缺钙症。蛋壳焙干碾成粉末，掺在饲料里，可防治家禽、家畜的缺钙症。

5.养花卉。将鸡蛋壳清洗干净晒干后，碾成粉末，撒到花盆中，有助于花木的生长。这是因为鸡蛋壳里面不仅含有非常丰富的碳酸钙，而且还含有少量的磷钾元素和镁元素，这些都是促进植物生长的必要营养元素。

（二）巧用废瓶子

1.制小喷壶。有些饮料瓶的色彩鲜美，丢弃可惜，可用来做一个很实用的小喷壶。用废瓶子做小喷壶时，只要在瓶子的底部锥些小孔即可。

2.制量杯。有的瓶子（如废弃不用的奶瓶等）上有刻度，只要稍加工，就可利用它来做量杯用。

3.使衣物香气袭人。用空的香水瓶、化妆水瓶等不要立即扔掉，把它们的盖打开，放在衣箱或衣柜里，会使衣物变得香气袭人。

4.擀面条。擀面条时，如果一时找不到擀面杖，可用空玻璃瓶代替。用灌有热水的瓶子擀面条，还可以使硬面变软。

5.除领带上的皱纹。打皱了的领带，可以不必用熨斗烫，也能变得既平整又漂亮，只要把领带卷在圆筒状的啤酒瓶上，待第二天早上用时，原来的皱纹就消除了。

6.制笔筒和漏斗。用剪刀从可乐空瓶的中部剪断，瓶子上部即是一只很实用的漏斗，下部则可作笔筒用（图11-2-2、图11-2-3）。

7.挂锅铲、汤勺。把塑料瓶的提手用强力胶水黏在厨房的墙壁上（图11-2-4），可以挂一些锅铲、汤勺等厨具，这样节约了厨房的空间。

8.做手机支架（图11-2-5）。塑料瓶的提手齿轮面朝下，中间的齿轮部分向上扳开两个，再将塑料提手向上弯曲90°，利用中间的两个齿轮固定住手机，方便又实用。

图11-2-2 可乐瓶笔筒

图 11-2-3　漏斗

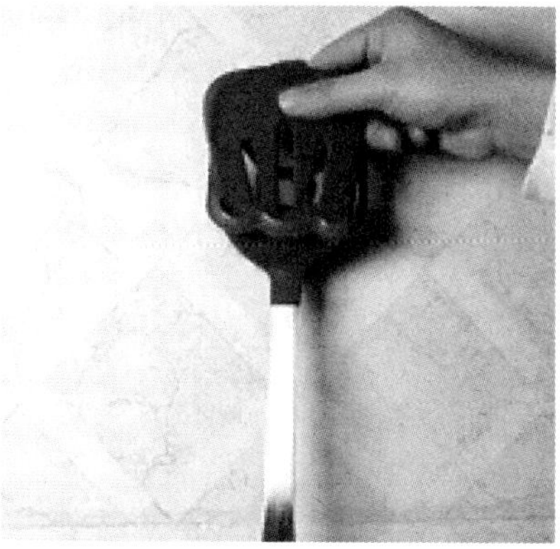

图 11-2-4　挂锅铲

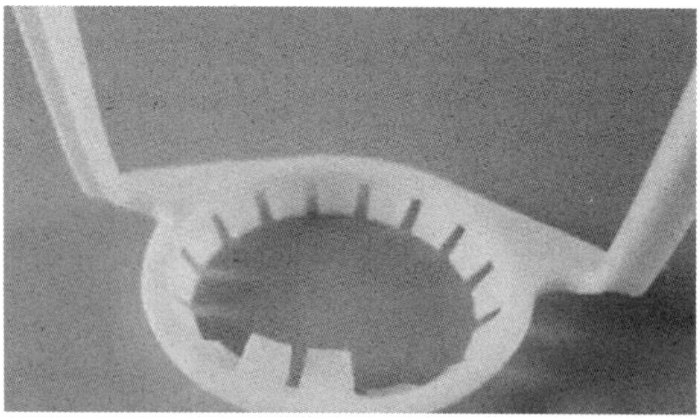

图 11-2-5　手机支架

　　9. 做密封口袋(图 11-2-6)。将瓶盖切开,穿在塑料袋上,就可以变成一个简易密封装置。尤其适合装超市买回来的散装面粉、大米、豆类等物。用的时候,只需要打开瓶盖,用多少倒多少。合上盖子,下次还能继续用,防潮又防尘。

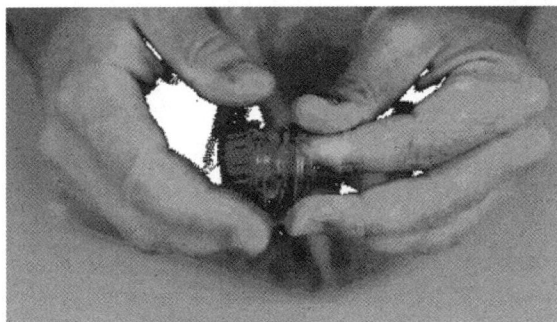

图 11-2-6　密封口袋

10.废瓶盖去鱼鳞。将五六个啤酒瓶或饮料瓶盖交错地固定在一块木板上，留出把手，用它来刮鱼鳞，既快又安全。

(三)旧伞衣的利用

1.无修理价值的旧尼龙伞，其伞衣大都很牢固。因而可将伞衣拆下，改制成图案花色各异的大小号尼龙手提袋。其制作方法是：先将旧伞衣顺缝合处拆成小块(共 8 片)洗净、晒干、烫平。然后用其中 6 片颠倒拼接成长方形，2 片做提带或背带。拼接时，可根据个人爱好和伞衣图案，制成各种各样的提式尼龙袋。最后，装上提带或背带，装饰各式扣件即成。

2.旧伞面制衣架罩，伞面一般比较美观，而且纹路密实，适合做衣架罩。在旧伞面布的中心裁去 1 块直径约 2 cm 的伞面布，再用斜布条在裁口上滚 1 条边，这样，衣架罩就做成了。

(四)废干电池的再使用

不能用的干电池，花点工夫，就能再现生机。我们只要将干电池在手上、脚上或衣服上摩擦一会儿，就可以"复活"电池。这种方法可以让一个闹钟多走一、两个星期。这是因为电池是凭借化学反应产生电流的。电池没电了，很多时候是因为电流不顺畅了，看起来似乎没电了，其实内部还留有许多尚未产生化学反应的成分。因此，只要摩擦片刻，让摩擦产生的热温暖电池的内部，就能促使电池内残余的成分顺利产生化学反应。

(五)废海绵的妙用

将废旧海绵放在花盆底部，上面盖一层土，在浇花的时候，海绵可以起到蓄水的作用，较长时间地供给花木充足的水分。

(六)蚊香灰作肥料

蚊香灰内含有钾的成分，可作为盆花的肥料。只要在蚊香灰上略微撒些水，便可将其施入盆中，它很容易被花木吸收利用。

● 任务实施

变废为宝：垃圾袋做兰花

具体步骤如图 11-2-7 所示。

1. 先拿一根细铁丝在瓶盖上绕一个圈，拧紧后脱下来。

2. 将蓝色塑料包裹铁丝圈，再用线扎紧，这样一片花瓣就做好了。以此方式做 5 个花瓣。

3. 将垃圾袋卷成圆球状做成花蕊，用线与铁丝扎紧。

4. 将做好的花蕊放中间，外面放上之前做好的 5 瓣花瓣，再用绿丝带包裹扎紧，最后把花瓣翻开，这样一朵兰花就做好了。

5. 重复步骤 1~4，多做几朵兰花。

6. 将旧铁制衣架掰直，再用绿丝带缠绕扎紧，形成花枝，花枝可做成自然弯曲状。

7. 用绿丝带将花绑在花枝上，这样一枝兰花就做好了。

8. 最后，将做好的兰花插入花瓶。

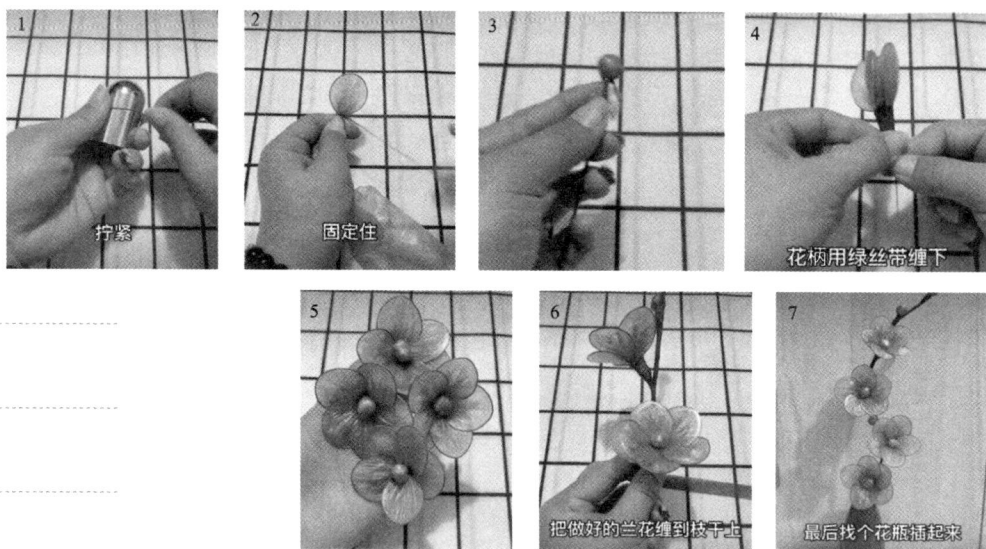

图 11-2-7 兰花制作步骤

● 任务评价

各组将"变废为宝"的作品拍照，与同学分享制作过程和心得体会。

● 能力拓展

结合所学，尝试了解有关"变废为宝"的创业。

观看视频：创业者现场展示自己的项目，变废为宝的有机肥！

模块四 社会劳动技能

项目十二

安全用电知识普及——三下乡活动

工匠精神

许红辉：执着攻关的中成药创新领跑者

走路大步流星，说话铿锵有力，目光笃定坚毅——许红辉是一个像"风"一样的女子。虽然每天都很忙碌，但她脸上时常洋溢着满足的笑容。对她而言，通过自己的努力，让更多人用上放心药，是一份神圣且充满了成就感的工作，她会为之奋斗一生。

"我唯一的要求就是进车间、搞研发。"1999 年，许红辉从中国药科大学毕业后来到石家庄以岭药业股份有限公司(以下简称"以岭药业")，面对其他应聘者都去了收入高的销售岗位，许红辉则为实现"做好药，为中国；做好药，为人民"的理想，决定扎根一线，创新中药，造福百姓。

许红辉自入职以来，承担了以岭药业全部中药创新药的药学研发，目前已有自主研发的专利中药 10 余个获准上市，8 个列入医保，5 个列入国家基药目录。她的科研成果已成功实现了产业化、规模化、现代化生产，服务于广大患者。

为了更好地传承创新中医药发展，许红辉作为科技创新带头人，在单位的支持下，一手搭建了成熟的创新中药药学研发平台，还开办了以培养科技尖兵为目的的培优班，对学员进行理论和技术法规等多方面的教学培训，为研发平台不断增添生力军，实现人才辈出的良性循环。

"很多同事开玩笑，说我是中药研发岗位上的'钉子户'。"在谈到为何选择在同一岗位上坚持 20 多年时，许红辉淡然一笑，"其实我们新药研发过程是挺枯燥的，每天面对的都是各种各样的化学试剂和实验仪器，还有不同的困难和挑战。"但令别人苦恼的困难却被许红辉视为研发生活中的色彩,"因为当我们终于攻克它们的时候,那一刻的感觉是无可替代的!"

心心专一艺,事事在一工,念念系一职。20 多年来,许红辉这个中药研发岗位上的"钉子户",用她不畏艰苦、一丝不苟的工匠精神,铸就医者仁心,为人民健康保驾护航。

任务一　安全用电知识普及——三下乡活动策划

● 学习目标

1. 对学生的活动策划、写作、宣传等能力进行一次综合训练。
2. 让学生体验乡村文化,熟悉科学常识普及活动策划与执行的流程。
3. 让学生深入乡村了解三下乡活动的精神。
4. 培养学生吃苦耐劳、注重细节、团结协作等品质。

● 学习任务

1. ×××专业 2022 级全体学生组建三下乡团队,完成相应安全用电知识的调研整理,在理解的基础上完成相应宣传资料的制备。

2. 三下乡团队分成三个小组,包括上门服务、横幅及手册宣传、现场讲稿 PPT 制作宣传短片,每个部门明确分工和任务,由辅导员老师带队指导。

● 案例导入

为进一步规范乡村用电管理,提升安全用电意识,营造安全、卫生、文明的乡村环境,10 月 16 日,××学院利用周末休息日组织开展了用电安全宣传活动。

下午 14：00 时,学员们在街头采取了调查问卷的方式对村民们安全用电知识的普及情况进行了大致了解并向村民分发了安全用电的宣传手册。在随后的过程中,学员们邀请了大约 100 位村民接受安全用电知识的现场宣讲活动,绝大部分的居民都积极热情地完成了此次活动。

活动中,同学们向来往村民们发放家庭安全用电常识手册等宣传资料,并通过现场答疑、知识讲解的方式,宣传引导大家做到安全用电。

据悉,本次活动共发放各类宣传资料 600 余份,答疑解惑 300 余人次。该镇宣传办负责人表示,此次活动的开展,有力地促进了农村安全环境的发展,有效提高了群众用电的安全意识,体现了参与此次三下乡活动的同学吃苦耐劳、服务群众的精神。

这不仅能增强全院师生团结协作的精神,还有利于同学们接触乡村生活。

你知道生活中有哪些需要注意的用电知识吗？你知道如何策划和准备一场生动的科普活动吗？

● **知识储备**

一、安全用电知识调研

生活中处处离不开电，在电能的使用过程中，如不能遵守安全用电规则，发现安全用电隐患。可能给人们的财产甚至生命安全带来重大隐患。随着农村生活条件的改善，电器种类繁多，但在乡村生活中电器使用者年龄结构跨度大，安全意识存在高低。如何做到安全用电、合理用电，增加安全用电意识呢？

安全用电常识：

1.认识了解电源总开关，学会在紧急情况下关断总电源。

2.不用手或导电物（如铁丝、钉子、别针等金属制品）去接触、探试电源插座内部。

3.不用湿手触摸电器，不用湿布擦拭电器。

4.电器使用完毕后应拔掉电源插头；插拔电源插头时不要用力拉拽电线，以防止电线的绝缘层受损造成触电；电线的绝缘皮剥落时，要及时更换新线或者用绝缘胶布包好。

5.发现有人触电时要设法及时关断电源；或者用干燥的木棍等物将触电者与带电的电器分开，不要用手去直接救人；遇到这种情况，无法作为时，应呼喊其他人相助，不要自己处理，以防触电。

6.不随意拆卸、安装电源线路、插座、插头等。哪怕安装灯泡等简单的事情，也要先关断电源，并在电工的指导下进行。

图 12-1-1

7.发现线路有异常，如线路露出、破损、发热、冒烟、有火花、有异味

(发臭)等问题，立即通告电工处理。

二、安全用电宣传材料的制作

1. 拒绝超负荷用电。

空调、电磁炉、微波炉等大功率电器最好不要同时启动，否则瞬间电流过大，容易引起火灾。

在用电高峰时段，大容量设备须使用专用路线。

移动式插座的连线不宜过细，插座上的设备用量不宜过多。

2. 选择合格电器。

不要使用假冒伪劣电器、电线、线槽(管)、开关、插座等。

3. 防止使用带"病"电器。

当电器出现异味、冒烟等异常情况时应立即断开电源，停止使用，并注意电器的使用寿命，不要使用已到寿命期的电器。

4. 用电知识清单。

①人走断电。

家中多日无人居住时，应将电源切断，停用电器之后，应将插头拔出，尽量减少带电设备，在保证安全的同时还能省电。

②雷雨天气要小心。

事先将室内电器关掉，拔掉插头、电话线和闭路天线等；雷雨过程中，不要接触电源开关和用电设备，不宜使用太阳能热水器。

③防止电器进水、受潮。

如不慎家中浸水，首先应切断电源，即把家中的总开关或熔丝拉掉，以防止正在使用的家用电器因浸水、绝缘损坏而发生事故。

● 任务实施

一、横幅和宣传手册的制备

1. 在乡村以横幅的形式宣传活动的主题。

2. 以宣传单的形式向广大村民宣传用电安全及相关注意事项。

二、走访到户的安全普及

走访形式：走入村民家中，与村民进行近距离交流，宣传安全用电知识，解答村民关于防范火灾及安全用电方面的疑问。

在乡村中小学开展安全用电安全教育班会活动。

①组织师生进行用电安全知识辅导。

②未经允许，不得私自拆卸电器及开关、插座等。

③不得私自使用需接插电源的用电设备。

④定期检查用电设备是否正常工作。

● **任务评价**

考核方式为评分考核，总分100分(工作效果60分，实训过程中的表现40分)，各部门负责人由指导老师评分，部门工作人员由指导老师结合组内自评评分。本实训计入相关课程的实践成绩，具体比重由各课程教师自行掌握。

● **能力拓展**

撰写学生实训成绩登记表、实训鉴定表、实训总结。

任务二 阳光义诊健康知识普及社会实践活动策划

● **学习目标**

1. 对学生的活动策划、宣传等能力进行一次综合训练。

2. 让学生接触社会，了解乡村，锻炼实践能力。

3. 学以致用，传递爱心，展现当代大学生的风采。

● **学习任务**

1. ××学院医学专业的学生在老师的指导下组成团队，在老师的帮助下为村民提供免费的医疗咨询服务并讲解日常的保健知识。义诊主要包括健康状况问诊，血压、血糖、体温、听力、视力等项目的测量，免费发放日常家庭备用药品及健康知识手册等。

2. 由学生根据义诊活动的实际情况撰写相应的义诊报告。义诊报告内容涉及乡村医疗健康现状的了解。

● **案例导入**

5月16日清晨，××医学院的一些学生带好物资，与早已挂好横幅的学生团队在××村村委会门口会合，布置好义诊台后，于上午10：00义诊正式拉开帷幕。

义诊小分队在专家导师的指导下为村民测量血压和血糖，提供免费的医疗服务和日常保健知识讲解。同时学生以上街走访发放问卷的形式，深入调研××村中老年高血压等常见疾病的情况，并向村民讲解了高血压等各种常见疾病的防治知识和有效的缓解建议，积极宣传高血压等常见疾病的养生知识。

此次义诊活动的主要项目有把脉、压耳豆、艾灸、推拿按摩、量血压、养生指导、科普宣传等。不到 10：00，老百姓们纷纷来到村委会门口，团队成员为他们问诊，根据个人体质以及疾病需求，选择性地为他们艾灸、压耳豆、推拿按摩等等。

李大妈脾胃虚寒，团队成员为她做了中脘、足三里等穴位的艾灸，并结合中医"既病防变""药食同源"的原则，嘱咐患者从饮食上长期调理改善，比如平时炒菜放点干姜片、花椒粒等。

张大爷颈肩疼痛多年，大夫为他做了推拿按摩，团队成员通过辨证，为他制订了特定的耳穴组合，压耳豆，大爷声称：这耳豆一压上去呀，我这肩膀一下子松快了好多。团队成员嘱咐大爷平时经常揉一揉颈肩。

团队成员通过把脉，号出了不少百姓的陈年旧疾——胃寒、失眠、痔疮、头晕、四肢乏力等等，让百姓们称赞不已。一位大叔在诊疗结束后激动地说："小姑娘毕业了就来咱们大水泊工作吧。"

义诊的同时，团队成员还会向百姓们进行医保政策的科普，宣传医疗保健，引导百姓根据自身情况选择合适的医疗方式。

此次义诊，一天的义诊人数便达到了近百人次。

义诊活动结束后，学生团队收拾好场地，干净有序地离开义诊场地。义诊后学生们写好报告，并开会做好活动总结。通过此次义诊，大家发现××村民由于缺乏医疗保健常识，容易被一些生活中常见疾病困扰；也可以感受到村民们对学习了解基础医疗保健知识的渴望。村民们的信赖让医学院的同学们更坚定了信念与决心：努力学好医学专业知识！

这次义诊活动发挥了医学专业学生的优势，为乡村地区的村民提供了免费医疗服务，一方面是学生们用爱心感恩回报社会，另一方面锻炼了学生们的实践能力，磨炼了团结协作、吃苦耐劳的意志品质。

你知道义诊活动要如何举办吗？

● **知识储备**

一、医疗健康常识

(一)饮食篇

1.不可挑食、偏食，挑食、偏食会使营养不平衡。

2.吃饭时要少说话，睡前少吃东西。

3.过期食品、发霉的东西不能吃。

4.野蘑菇、野禽等不了解的动植物不能轻易吃。

5.不要暴饮暴食。

6.饭后不要剧烈运动，否则会得胃下垂、胃穿孔、盲肠炎等疾病。

7.在野外，河水、湖水不能轻易喝。

8.剧烈运动口渴后喝水要慢。

9.吃高盐、高糖、高脂肪的食物有害健康。

10. 多些创新口味。这样能增进食欲，有利于补充人体所需要的多种营养。

11. 食盐不宜过多。盐摄入过多，易导致高血压。

12. 多吃些颜色深的蔬菜。颜色深的蔬菜比颜色浅的所含胡萝卜素、维生素 B、镁、铁等营养素更丰富。

13. 不可吃烫食。常吃烫食，食道和胃易受损伤。

14. 不可长期进食植物油。花生油、玉米油中易混杂强致癌物黄曲霉素，菜籽油中的芥酸不利于高血压、心脏病患者的健康。正确的用油原则应是 1 份植物油配 0.7 份动物油。

15. 不要食用太多的调味品。美国一项调查表明，胡椒、桂皮、丁香、小茴香等天然调味品有一定的诱变性和毒性。多吃可导致人体细胞畸变，并会产生口干、咽喉痛、精神不振、失眠等副作用，还会诱发高血压、胃肠炎等病变。

(二) 家居生活篇

1. 雾霾天减少户外活动。

2. 吸烟、酗酒有害健康。

3. 能吃药不打针，能打针不输液。

4. 有病找医生，不要讳疾忌医，要遵医嘱服药，不吃过期药，要用水服药。切记喝药前后不要饮酒，特别是在吃了抗生素类药、治疗抑郁症类药等后严禁喝酒。

5. 饿了就吃饭，渴了就喝水，累了就歇会儿，困了就睡觉。顺其自然是最好的养生。

6. 消毒液不能与洁厕灵同时使用。

二、家庭急救常识

(一) 心肺复苏术

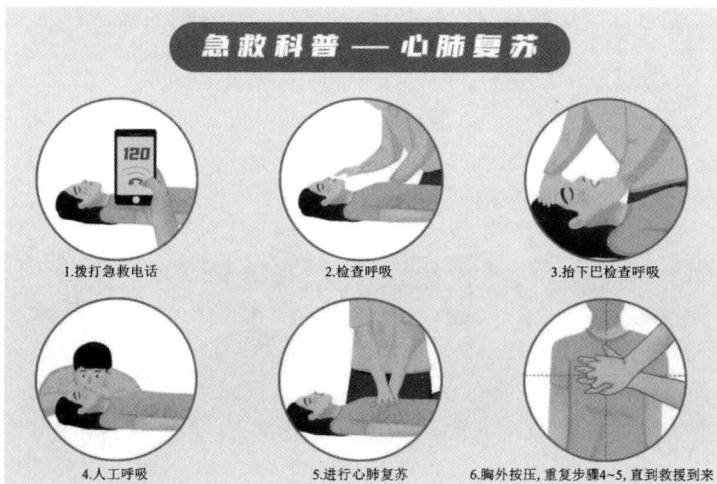

(二)AED(自动体外除颤器)

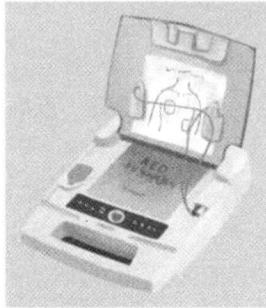

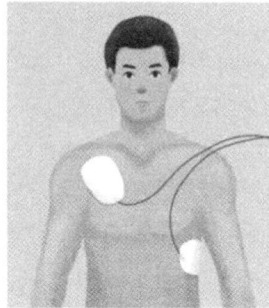

1.打开上盖和电源

2.给患者贴上电极片
(电极片粘贴位置如有潮湿,必须擦干,并且紧贴于皮肤,如有外伤无需避开)

3.AED自动分析心率

4.按照语音提示按下"开始"键放电
(其他人员请远离患者)

(三)海姆立克急救法

气管异物的急救黄金时间:4~10分钟。

主要急救方法是海姆立克急救法,也就是腹部冲击法。

海姆立克
操作方法

| 1.婴儿 | 2.儿童及成人 | 3.孕妇或肥胖者 | 4.自救 |

（四）烫伤

首先除去热源，迅速离开现场，立即将湿衣服脱去或剪破、淋水，将伤处浸泡到冷水中，直到疼痛消失为止。不要弄破水泡。

（五）鼻出血

用凉水浸湿毛巾外敷脑发边缘或前额和鼻部。也可用醋 1000 mL 加温水适量放入盆中，浸泡两脚 20 min 即可。可以把原醋水加温反复用三次。

（六）急性腹痛

戒服止痛药。止痛药止痛会掩盖病情，延误诊断。应立即去医院做详细检查。

（七）心脏病

患者发生气喘戒平卧位，以免增加肺脏瘀血和心脏负担。应两脚下垂取坐位。

（八）脑出血

戒随意搬运。随意搬运会扩大出血范围。应立即平卧，头部抬高，就地治疗。

（九）心梗

急救黄金时间：发病后 90 分钟以内。如遇突发心梗患者，应立即拨打 120。患者需保持镇静，家属不要随意搬动患者。因为任何情绪激动和身体活动都会提高心脏耗氧量，加速心肌坏死，加重病情。

（十）脑梗

急救黄金时间：3~4.5 小时。如果患者有相关病史，发病时昏迷，要将患者移至空旷安全地带，松解患者的衣领和腰带。有呕吐者，应将患者头部偏向一侧，避免发生呕吐物误吸。条件允许应给予患者氧气吸入，改善呼吸功能，同时拨打 120 急救电话。

（十一）外伤

1. 遇到开放性损伤，需要做三件事：

（1）找一块无菌的纱布，或者干净的毛巾和干布，盖住伤口。

（2）直接压住伤口，不要去压迫动脉，因为绝大多数损伤都是小静脉或者毛细血管损伤，压住伤口即可。

（3）抬高患肢，一般抬过心脏高度即可，能举过头顶止血效果会更好。

2. 闭合性损伤的处理可遵循"RICE 原则"。

（1）Rest：休息、制动，防止再损伤。

（2）Ice：冰敷，作用主要是为了减少肿胀、缓解肌肉痉挛，可以将冰块置入塑料袋中放在患处，每次冰敷 15~20 min，间隔 1~2 h，注意观察，防止冻伤。冰敷时限一般是受伤后 24~48 h，但千万不要过了两天就热敷，否则很容易再肿起来。

（3）Compression：加压包扎，主要目的也是为了减少局部出血。压力一定要适中，包扎后务必感受一下肢体远端的脉搏，如脉搏摸不到或者患者感觉又胀又麻的话,需要适当松解压力。

(4)Elevate:抬高患肢,其目的也是减轻肿胀、促进消肿。

三、心理健康常识

(一)心理健康的特征

一般来说,心理健康具有如下四个特征。

1. 智力正常。

正常的智力是我们进行日常生活和工作的最基本的保证。

2. 情绪稳定与愉快。

这是心理健康的重要标志,它表明一个人的中枢神经系统处于相对的平衡状态,意味着机体功能的协调。

3. 人际关系良好。

人生活在社会中,就要善于与人友好相处,助人为乐,建立良好的人际关系。

4. 适应能力良好。

人生活在纷繁复杂、变化多端的大千世界里,一生中会遇到多种环境及变化,因此,一个人应当具有良好的适应能力。无论现实环境有什么变化,都能够适应。

(二)心理健康的标准

1. 有充分的自我安全感。

2. 能充分了解自己,并能恰当估价自己的能力。

3. 生活理想切合实际。

4. 不脱离周围现实环境。

● **任务实施**

一、活动策划

(一)前期准备

1. 调查当地居民最为关心的健康话题,了解当地居民的日常作息时间与周末人流集中地点,拟定活动具体地点与时间,以及志愿者培训工作的重点方向。

2. 联系当地居委会获得支持,为活动的顺利开展提供必要的场地、设施、信息及人员支持。

3. 确定活动的志愿者名单,分配任务:设计有价值的健康宣传,制作海报,拉赞助,拍摄,协调等。

4. 活动会场布置所需:场地(由当地居委会批准)、宣传板、横幅、健康宣传单。

（二）活动内容

1. 测量血压。

测量血压是高血压诊断及评价其严重程度的主要手段。

2. 测量血糖。

医务人员为患者监测血糖可以及时全面地掌握病人血糖的控制情况。

3. 健康咨询。

4. 发放药品。

此次发放的药品主要为常见病种的药，有感冒药、降压药、补血药、眼药膏以及补钙等相关药品。

5. 查心电图。

查心电图是为群众检查心脏情况的重要方法，可以了解与鉴别各种心律失常，查明冠状动脉循环障碍，协助判别心瓣膜病、高血压病、肺源性及先天性心脏病的诊断等情况，切实做到"早知道、早治疗"。

二、健康知识讲座

（一）健康知识普及宣传

由青年志愿者们组织专场讲座，向市民发放健康知识宣传单，普及基本防护知识。

（二）健康知识趣味问答

活动现场有专门的志愿者向行人提问，以此达到宣传健康知识的目的。

三、宣传

（一）卫生健康知识宣传

在活动场所张贴宣传专栏、发放健康知识宣教资料等，宣传卫生健康知识和疾病防治知识，普及急救知识，提升市民的抢救技能。

（二）后期工作

1. 整编活动采访

拍摄材料，完成活动总结报告。

2. 将活动的情况通过横幅板报等宣告圆满结束。

● **任务评价**

写一份心得体会。

● **能力拓展**

分析农村健康状况，并提出改进措施。

项目十三
青年志愿者活动

工匠精神

黄文秀：永不凋零的"扶贫之花"

2016 年，黄文秀从北京师范大学硕士毕业后考取了选调生，回到家乡——广西百色，投身基层扶贫事业。"她本有很多选择。"昔日导师郝海燕说："以她的能力，留京或出国都没问题。"但是，出生于广西农村的黄文秀，是依靠党和国家的扶贫资助才得以完成学业的。学成回报这片土地，帮助更多像自己一样的困难群众，是她最大的心愿。她曾对自己的老师说："我是从贫困大山里走出来的孩子，得到过党和政府的资助和培养，希望将来能为祖国和家乡贡献自己的一分力量。"在一次次的选择中，黄文秀始终遵从自己的初心——回归家乡，建设家乡。她想要当那个"走出去"并"回来"的人。

2018 年 3 月，黄文秀主动来到百色最偏远的乐业县新化镇百坭村担任第一书记。在她到任之初，百坭村交通不便、产业不强，脱贫任重道远。

初来乍到，乡亲们对这个年轻的"女娃娃"并不信任，都说她是来村里"镀镀金"的。为了取得乡亲们的信任，黄文秀直接住到村里，翻山越岭、挨家挨户访贫问苦，手绘"民情地图"，学说方言，帮着大伙儿扫院子、干农活。渐渐地，大家从心底里接受了她，专心跟她搞发展。

不到一年的时间，百坭村 103 户贫困户顺利脱贫 88 户，贫困发生率降至 2.71%，村集体经济项目收入翻倍。黄文秀还协调完成了 1.5 公里的道路硬化，新建蓄水池 4 座，完成两个屯 47 盏路灯的亮化工作。

这位扶贫路上的"女战士"曾在自己的驻村日记中写道："扶贫之路就像一条长征路，无论多么艰难，都会坚定不移走下去。"

2021年6月，黄文秀在返回驻村途中突遇暴雨洪流，不幸遇难，年仅30岁。

年轻的黄文秀，用扶贫工作的成效诠释了自己的赤子之心，她的青春像鲜艳的花朵，永远绽放在百色革命老区。

任务一　"双碳"文明实践活动

● 学习目标

1. 让学生了解"双碳"战略以及意义。
2. 让学生熟悉常识普及活动策划与执行的流程。
3. 培养学生吃苦耐劳、注重细节、团结协作等品质。

● 学习任务

1. 开展"双碳"文明实践活动，通过宣传节能降碳、安全用电知识，开展互动游戏，现场服务群众。
2. 团队分成三个小组，包括上门服务、横幅及手册宣传、现场讲稿PPT制作宣传短片，每个部门明确分工和任务。

● 案例导入

推进碳达峰与碳中和是党中央经过深思熟虑作出的重大战略决策，是我们对国际社会的庄严承诺，也是推动高质量发展的内在要求。

为了使当代大学生践行简约适度、绿色低碳、文明健康的生活方式以及增强青年先锋引领作用，提升志愿服务质量，弘扬志愿服务精神，提高青年志愿者的青春使命与责任担当，北华航天工业学院大学生青年志愿者服务队面向学校青年学生，一起了解碳达峰与碳中和对当今世界的意义。

青年，作为社会中最积极、最有生气的群体，要充分激发参与"双碳"公益活动的热情和社会责任感，特别是能源央企青年，更要主动把握能源变革大势，在推动中国乃至世界绿色发展中贡献自己的青春智慧力量。

● 知识储备

一、"双碳"战略以及其意义

双碳，即碳达峰与碳中和的简称。2020年9月中国明确提出2030年"碳达峰"与2060年"碳中和"目标。

"双碳"目标愿景是我国作出的重大战略决策，彰显了我国为维护世界能源安全、应对全球气候变化、促进世界经济增长的大国担当。同时也应清醒认识到,实现碳达峰、碳中和是一场硬仗,也是一场"大考"。特别是对于能源行业而言,落实"双碳"目标,责任重大,必须深化认识,采取切实举措,积极迎接挑战,力争在落实"双碳"任务"大考"中交出优异答卷(图13-1-1)。

图 13-1-1

二、节能降碳的方法

(一)低碳办公

1.使用自然光,省电延周期。

选择在自然光充足的地方办公,自然光线充足时不开灯;利用节能灯泡照明,保障亮度情况下少开灯,养成随手关灯的习惯,不仅可以减少灯泡照明耗用电量产生的间接排放,还可延长灯泡的使用寿命。

2.科学用电脑,节电效果好。

屏幕暗一点:将电脑屏幕调成中等亮度,既能省电又能保护视力。

待机与拍电:暂时不用电脑时,缩短显示器进入睡眠模式的设定时间,并用待机模式替代屏幕保护模式;当长时间不用电脑时,记得关机并拔掉插头。坚持这样做,每天至少可以节约 1 kW/h,还能适当延长电脑和显示器的使用寿命。

理性选择电脑配件:选择电脑配件时,应根据所从事的工作有针对性地进行选择,避免配置过高造成浪费。

3.纸张双面用,邮件替信函。

提倡无纸化办公:尽量使用电子邮件、微信、钉钉等网络通信工具传递办公信息,减少打印机、传真机的使用。

做到绿色用纸:纸张双面打印、复印,既可以减少费用,又可以节能减排。

科学选择复印机位置:将复印机放置在利于散热的位置,有利于提高其运转效率,降低耗电量,也有利于减少复印机使用产生的碳排放。

(二)低碳出行

1.使用自然光,省电延周期。

公共交通有助于减少交通拥堵和碳排放。倡议使用"一三五"绿色出行模式,即3 km以内走路,3~5 km骑自行车,5 km以上乘坐公共交通工具。

2.减少乘飞机的次数。

如果不是非常必要,出门旅行可以选择污染较少的火车、长途汽车或轮船。必须乘飞机时,尽量直飞,减少航程,并选择耗能减排指标更好的新型飞机。

3.科学购买保养私家车。

购买车辆时优先选择新能源、小排量的汽车。汽车车况不良会导致油耗增加,发动机的空转也很耗油。通过及时更换空气滤清器、保持合适胎压、及时熄火等措施,每辆车每年可减少油耗约180 L。

(三)低碳饮食

1.减少食物浪费。

积极践行文明分餐、"光盘行动",提倡"按需取餐","不多点、不多打",厨房不多做,从源头上减少不必要的浪费。

2.营养搭配,合理膳食。

食用同等重量的肉类比蔬菜产生的温室气体排放更多。合理膳食,不暴饮暴食,不过度吃肉,在保证营养情况下每周少吃一天肉,有助于减少二氧化碳排放。

3.选择简装的食物。

减少使用1 kg包装纸,可节能约1.3 kg标准煤,相应减排二氧化碳3.5 kg。

4.减少一次性餐具使用。

提倡出门自带水杯,减少使用一次性杯子,多用可循环使用的筷子、饭盒,尽量自带餐具;尽量少点外卖,避免使用一次性的餐具。

5.选择本地食物。

选择所在地区及周边区域的农副产品,同时减少食物加工过程,使用少油少盐少加工的烹饪方法,有助于减少运输和加工等环节温室气体排放。

(四)低碳居住

1.低层爬楼梯,省电又健身。

选择较低楼层走路上下楼,多台电梯可选时只按一台电梯控制钮,在休息时间只开启部分电梯,每台电梯每年可节电5000 kW/h,相当于减少4.8吨二氧化碳排放。

2.空调温度细心调。

使用空调时,夏季温度设定在26~28℃,冬季设定在16~18℃。不论制冷模式室温调高 1℃，还是制热模式室温调低 2℃，均可省电 10% 以上。同时，降低室内外温差，也可以减少患感冒的概率。出门前 3 min 关闭空调，不影响感官体验，还能减少电力消耗与温室气体排放。

3. 节水习惯要养成。

洗手、淋浴或打肥皂间隙，及时关闭水龙头，避免空流水。尽量做到一水多用、串联使用、循环使用，如用淘米水浇花等。

4. 在家随手关灯。

养成在家随手关灯的好习惯，每户每年可节电约 4.9 kW/h，相应减排二氧化碳 4.7 kg。

5. 合理使用冰箱。

每天减少 3 min 的冰箱开启时间，1 年可省下 30 kW/h，相应减少二氧化碳排放 30 kg；及时给冰箱除霜，每年可以节电 184 kW/h，相应减少二氧化碳排放 177 kg。

日常生活中的很多举手之劳看似微小，都在有效减少着碳排放。让我们从现在做起，从点滴做起，为子孙后代留下蓝天碧海、绿水青山（图 13-1-2）。

图 13-1-2

● **任务实施**

一、横幅和宣传手册的制备

横幅：写上宣传标语。

宣传手册：制作一个简易的宣传手册，言简意赅。

二、活动内容

1. 开展节能低碳主题宣传活动。

通过宣传展示、技术交流、互动体验等方式，积极宣传节能文化，普及节能知识，提升全民意识，培养广大民众勤俭节约的生产方式、消费模式和生活习惯。深入报道企业先进技术及典型案例，推广节能新技术和高效节能产品。

2. 开展节能低碳进校园行动。

以生态文明宣传教育为重点，在各级各类学校中广泛开展贴近学生、形式多样的节能减排、绿色环保实践活动，普及生态文明法律法规及科学知识，培育生态文明意识，推动形成勤俭节约人人尽责、节能减排人人担当、绿色环保人人作为、生态文明人人践行的校园新风尚。

在青少年中大力宣传生态环保理念，普及节能低碳知识。在青年中广泛开展节能减排创新创效活动，组织发动优秀青年走近青年志愿者、青年环保组织和学生社团开展宣传实践活动。充分利用微博、微信和短视频、动漫等新媒体手段，倡导低碳生活理念，营造节能环保氛围。

3. 开展节能低碳科普宣传行动。

广泛开展节能减排低碳科技示范活动，引导企业采用先进适用的节能与低碳新技术和新工艺，推动相关产业的低碳升级改造，引导全社会把使用节能减排创新产品作为一种自觉行动。

4. 开展环境保护宣传行动。

牢固树立"绿水青山就是金山银山"的强烈意识，全面贯彻落实《"十三五"生态环境保护规划》以及新《环境保护法》，坚持以改善环境质量为核心，推动绿色发展，努力实现环境质量总体改善。充分利用节能宣传周活动引导全民自觉践行绿色生活方式，倡导勤俭节约的消费观，推动全民在衣、食、住、行、游等方面加快向勤俭节约、绿色低碳、文明健康的方式转变。积极弘扬生态文明和环境保护理念，通过创新开展全社会宣传教育活动等方式，促使公众积极参与到生态文明建设和环境保护当中来。

5. 开展交通节能低碳宣传行动。

大力宣传绿色交通运输体系建设成效，充分利用视频、微信、海报等多种方式，在车、船、路、港领域宣传交通运输绿色发展理念。加快推动节能低碳新技术新产品应用，推进港口电能替代和公路绿色拌和站。积极鼓励支持共享单车，倡导公众绿色出行、文明出行，营造绿色交通氛围。

三、宣传形式

采取媒体宣传、网络宣传、事迹报告会、专题讲座、宣讲团巡讲、技术交流会、展览展示会、现场体验活动、悬挂宣传条幅等多种形式，开展广泛宣传报道，营造全社会共同参与节能减排和应对气候变化工作的良好氛围。

● 任务评价

考核方式为评分考核，总分100分(工作效果60分，实训过程中的表现40分)，各部门负责人由指导老师评分，部门工作人员由指导老师结合组内自评评分。本实训计入相关课程的实践成绩，具体比重由各课程教师自行掌握。

● 能力拓展

将"双碳"文明的具体行为用更活泼的方式传递给儿童，设计方案。

任务二　志愿支教活动

● 学习目标

1. 让学生学习雷锋精神，弘扬雷锋精神。
2. 发挥院校服务地方经济和社会发展的能动性。
3. 建立区校共建联合机制，实现志愿服务的长效化。
4. 培养学生吃苦耐劳、注重细节、团结协作等品质。

● 学习任务

大学生参加支教能够磨炼他们的意志，从而促进他们综合素质的提高；能很好地锻炼在校大学生的团队协作和管理能力，为今后的工作生活打下基础。同时在支教期间，通过与劳动人民的接触，大学生能够衍生出尊重劳动人民与劳动成果的情感，加速人格的健全。

● 案例导入

今年的这个夏天，不同于同届的大多数同学，来自清华大学、中国人民大学、西北政法大学、湖南师范大学等高校的40名桃源籍团员大学生响应国家"扶贫扶智"号召，在桃源团县委的组织带领下，联合桃源县米粒公益，成立了一支名为"青禾"的志愿服务队，选取桃源县观音寺镇杨家溪村、羊楼坪村为支教点，实施开展青年志愿者关爱农村留守儿童"七彩假期"志愿服务项目，开始了生动难忘的一个月支教生涯。

青禾志愿服务队正式入驻杨家溪、羊楼坪支教点。通过破冰试讲、临时班委选举、暑期开班宣传，小"青禾"们开启了由学生到老师的角色转换。短短几天时间，由于课堂生动有趣、内容别致新颖，招募到的农村学生越来越多，增长见识的"语文""英语"课、难得一见的"合唱""舞蹈"艺术课、妙趣横生的"心理""安全""普法"特色课每天都吸引着周围的家长孩子们前来旁听、报名，学员数量从一开始的几十人慢慢变为 200 余人，现在还在不停增加。

让青春之花绽放在祖国最需要的地方。本次"七彩假期"活动将 40 名团员青年紧紧团结在一起，获得了当地政府及相关单位、全国数十所高校、家长及社会各界的鼎力支持，让"青禾"在家乡闪耀出了青春光芒。

学习、奋斗、梦想，这是青春的关键词。青年学子们把一个个梦想融入国家和民族事业当中，融入大山、融入大地，是支教，串联起了青春应有之意。

● 知识储备

一、支教活动的意义

该活动充分发挥了院校服务地方经济和社会发展的能动性，提高了社区、乡村整体工作水平，建立了常态化、长期化志愿服务机制，弘扬了雷锋精神。在区校结对共建过程中，通过建立区校共建联合机制，实现志愿服务的长效化；结合结对社区、乡村需求和高校志愿服务特长，制定相应的服务项目，实现志愿服务的特色化。一系列的创新做法，使得区校融合进一步加深。

经考察了解乡村地区受条件限制，其科学文化类活动还有待补充，急需人才的引入，为乡村科学文化建设奉献出一份力量。中南学子在社区、幼儿园及乡村开展科普支教活动，向孩子们普及科学知识，用最简单的方式向孩子传播科学思想，既使孩子们喜闻乐见，积极参与，又注意不流于形式、讲求实效，还能使志愿者们以更加积极而又敞开心扉的方式面对孩子、面对社会、面对世界。孩子们在实践中领略科学的奥秘，感受时代的进步，加深了对生活中的知识的理解，埋下积极探索的种子（图 13-2-1）。

图 13-2-1

志愿者通过参与志愿服务，充分发扬了雷锋精神，同时也可以促进社会的进步。学习雷锋同志无私奉献的志愿精神，践行助力梦想、服务他人的理念，发扬光大奉献、友爱、互助、进步的志愿服务精神，让志愿活动的目的更加纯粹和积极，唤醒更多人加入志愿活动。针对性地进行科学趣味实验、创新实践、新闻科普等一系列有趣、有意义的志愿服务，旨在引导孩子探索科学、认知世界的兴趣，拓宽孩子们的科学视野，激发孩子们对科学知识的好奇心，培养其实践动手能力，让孩子们能用科学的眼光看待生活，看待世界(图13-2-2)。

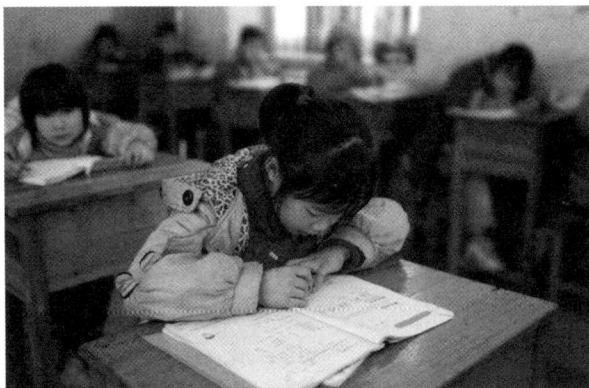

图 13-2-2

二、支教活动内容

(一)亲子互动板块

1. 亲子共读。

通过亲子共读一本好书，通过阅读建立心灵桥梁，分享阅读心得，增加亲子互动，加强家长与孩子之间的亲情纽带，让家长能更加了解孩子的内心世界，关注孩子的心理健康，帮助孩子健康成长。

2. 家长课堂。

邀请课堂中学生的家长分享自己职业相关知识，深化家校共育，拓宽学习实践渠道，全面提高学生动手动脑以及沟通协作能力。

(二)科普宣讲板块

1. 3D打印科普课堂。

向学生们展示科技前沿3D打印技术，观看3D打印实景视频，讲解增材制造原理知识，拓展学生们的知识视野。展示增材制造成品，例如通过3D打印制造的实用工具、模型以及艺术品等等。让学生们了解前沿科技信息，感受现代科学技术的快速发展，知晓3D打印技术对科技发展所产生的影响和作出的贡献，拓展孩子们的视野，激发其对科学的求知欲，增加科学探索兴趣。

2. 我们的世界科普。

介绍有关宇宙、地球、海洋的知识，观看一些有趣的自然现象视频，观看海洋生物的视频或图片，讲述探索世界对人类发展的重要意义，拓宽学生视野，激发其好奇心与求知欲，引发对科学的兴趣。

3. 安全知识宣讲。

从交通出行安全、用火用电安全、网络信息安全等方面入手进行宣讲，通过讲解具体网络诈骗案例、交通事故案例使得学生们记忆更加深刻，提高安全防范意识，避免危险情况，增强应对突发事件的能力。

(三)趣味手工实验板块

1. 酸碱反应绘画实验。

通过酸碱试剂调整 pH 范围，利用指示剂的变色原理进行作画。通过简单手工讲解酸碱度含义，使学生们对于化学性质有初步认识，了解化学原理，体会化学趣味性及科学的魅力，提高学生们对科学的兴趣。

2. 白醋泡鸡蛋化学实验。

白醋泡鸡蛋的化学实验现象主要表现：刚反应时，鸡蛋壳表面会有细小的气泡产生，随着反应的进行，鸡蛋壳表面的气泡逐步变多，气泡变大，同时鸡蛋壳逐步溶解。利用化学知识以及生活中常见物品，展现化学的作用，增加趣味性。

(四)红色故事板块

为加强学生爱国意识，了解历史，传承弘扬伟大革命精神，以红色小故事形式向学生们讲述建党一百年来的革命历程，使学生们深入体会革命者的伟大精神，进一步了解现阶段中国强大综合实力的来之不易，进而增强民族自豪感与自信心。

● **任务实施**

一、总体安排

支教团在开展支教活动之前会对志愿服务团队进行召集及培训。支教活动开始前两周在志愿者团体内召集十人的讲解队，并进行培训。志愿活动开始一周前，支教团会确认服务对象并向目标社区发送准备好的课程信息，并通知他们进行参加课程的人员报名，课时为周六下午两节课，每节课一小时，参与人数为 10 人左右。在对支教团管理过程中，成员可以向会长提出解除支教团成员身份的意见，使支教团保持志愿服务性质。

二、宣传计划

以各种形式，通过网络、报纸、广播、展板、海报等各种宣传方式来积极宣传支教志愿服务活动，征求团队队员意见，充分发挥其主观能动性，积极创新，丰富宣传形式，交流经验，不断提高。通过新媒体(微信、QQ、微博)实施更新服务团队进展动态，创建公众号记录支教动向，发布推送与新闻稿件扩大活动影响力。

● **任务评价**

考核方式为评分考核，总分100分(工作效果60分，实训过程中的表现40分)，各部门负责人由指导老师评分，部门工作人员由指导老师结合组内自评评分。本实训计入相关课程的实践成绩，具体比重由各课程教师自行掌握。

● **能力拓展**

思考如何让支教常态化。

参考文献

[1] 陈斌. 新时代劳动教育的价值旨趣与逻辑转向[J]. 大学教育科学, 2021, 12(4): 62-69.

[2] 孟源北, 陈小娟. 工匠精神的内涵与协同培育机制构建[J]. 职教论坛, 2016(27): 16-20.

[3] 王绍霞. 新时代奋斗精神的基本逻辑与时代价值[J]. 思想理论教育导刊, 2019, 246(6): 58-62.

[4] 刘峰. 新时代中学劳动教育的价值、原则与策略[J]. 教学与管理, 2020, 820(27): 12-14.

[5] 黄金林. 劳动在何种意义上能够通向自由: 阿伦特对马克思劳动观的误读及其辨正[J]. 高校马克思主义理论研究, 2020, 6(3): 130-137.

[6] 吴泽俊, 刘麟辉. 21世纪以来我国劳动教育研究回顾: 基于可视化文献分析[J]. 高校后勤研究, 2021(6): 72-76.

[7] 沈汉. 勇做新时代劳动教育的践行者[J]. 陕西教育(综合版), 2021(6): 42-43.

[8] 吾介特. 如何培养新时代大学生奋斗精神[J]. 党史博采(下), 2019(7): 65-67.

[9] 王寿斌. 正确认识"工匠精神"的内涵和外延[J]. 江苏教育, 2016(20): 28-29.

[10] 张捷. 探讨当代大学生劳动观教育的有效途径[J]. 智库时代, 2019(52): 76-77.

[11] 陈静, 黄忠敬. 从"体力教育"到"能力教育": 我国劳动教育政策的发展与变迁[J]. 中国德育, 2015, 10(16): 33-38.

[12] 周莉. 培育社会主义新型劳动观的主要途径[J]. 科技视界, 2014, 105(18): 332.

[13] 宋乃庆, 王晓杰. 新中国成立以来我国劳动教育政策发展: 回眸与展望[J]. 思想理论教育导刊, 2020(2): 76-80.

[14] 毛勒堂. 马克思主义劳动概念的本体论意蕴及其当代意义[J]. 思想理论教育, 2020(10): 35-41.

[15] 秦素粉, 陈吉胜. 论高职院校劳动教育的实施: 现状、原则及路径[J]. 包头职业技术学院学报, 2021, 22(1): 25-27.

[16] 周美云. 轨迹·焦点·走向: 劳动教育研究七十年[J]. 当代教育论坛, 2020(3): 106-113.

[17] 赖林琳. 基于_三全育人_的高职院校劳动教育实施路径[J]. 智库时代, 2020(12): 180-181.

[18] 杨志清. 新时代大学生劳动教育的"三维"价值与对策探析[J]. 信阳师范学院学报(哲学社会科学版), 2021, 41(4): 95-99.

[19] 毛勒堂. 马克思的劳动正义思想及其当代启示[J]. 江汉论坛, 2018(12): 24-30.

[20] 黄敏丽, 张蒙, 尹静雯. 新时代背景下劳动树人校本课程的实践探索[J]. 教育科学论坛, 2021, 541(19): 67-69.

[21] 李雨. 新中国成立以来劳动教育的演进及启示——基于对时代新人培养的思考[J]. 现代交际, 2019(22): 149-151.

[22] 陈征. 论现代科学劳动马克思劳动价值论的新发展[M]. 福州: 福建人民出版社, 2017.

[23] 关娜. 马克思劳动力价值理论在当代中国的新境遇[M]. 济南: 山东大学出版社, 2015.

［24］中共中央马恩列斯著作编译局. 马克思恩格斯全集：第 3 卷［M］. 北京：人民出版社，1960.

［25］夏征农，陈至立. 辞海［M］. 6 版. 上海：上海辞书出版社，2009.

［26］顾明远. 教育大辞典［M］. 上海：上海教育出版社，1991.

［27］高清海. 文史哲百科辞典［M］. 长春：吉林大学出版社，1988.

［28］刘向兵. 新时代高校劳动教育论纲［M］. 北京：社会科学文献出版社，2019.

［29］成有信. 教育学原理［M］. 沈阳：辽宁大学出版社，2007.

［30］向德荣. 劳模精神职工读本［M］. 北京：中国工人出版社，2016.

［31］李珂. 中国劳模口述史［M］. 北京：社会科学文献出版社，2018.

［32］韩承敏. 劳模的力量［M］. 南京：南京大学出版社，2013.

［33］杨明. 社会主义核心价值观研究丛书（敬业篇）［M］. 南京：江苏人民出版社，2015.

［34］付守永. 工匠精神：向价值员工进化［M］. 北京：中国工商联合出版社，2017.

［35］周志友. 德胜员工守则［M］. 安徽：安徽人民出版社，2006.

［36］何卫华，林峰. 大学生社会劳动教育理论与实践教程［M］. 厦门：厦门大学出版社，2019.

［37］余逸群，纪秋发. 中国志愿服务、历史、实践与发展［M］. 北京：北京理工大学出版社，2016.

［38］邱懿，任园，卢洁洲. 大学生社会实践：理论探索与典型经验［M］. 上海：上海交通大学出版社，2014.

［39］胡颖蔓，欧彦麟. 大学生劳动教育［M］. 长沙：中南大学出版社，2020.

［40］熊来平. 马克思的劳动概念及其当代价值［M］. 北京：中国社会科学出版社，2019.

图书在版编目(CIP)数据

大学生劳动教育 / 庾庐山主编. —长沙：中南大
学出版社, 2022.9
　ISBN 978-7-5487-4967-7

　Ⅰ. ①大… Ⅱ. ①庾… Ⅲ. ①劳动教育－高等职业教
育－教材 Ⅳ. ①G40-015

　中国版本图书馆 CIP 数据核字(2022)第 112138 号

大学生劳动教育
DAXUESHENG LAODONG JIAOYU

庾庐山　主编

□出 版 人	吴湘华	
□责任编辑	刘锦伟	
□责任印制	唐　曦	
□出版发行	中南大学出版社	
	社址：长沙市麓山南路	邮编：410083
	发行科电话：0731-88876770	传真：0731-88710482
□印　　装	湖南省众鑫印务有限公司	

□开　　本	787 mm×1092 mm 1/16	□印张 13.5	□字数 332 千字
□版　　次	2022 年 9 月第 1 版	□印次 2022 年 9 月第 1 次印刷	
□书　　号	ISBN 978-7-5487-4967-7		
□定　　价	45.00 元		

图书出现印装问题，请与经销商调换